U0460943

"十二五"国家重点图书出版规划项目

社会系列

龙岩史话

A Brief History of Longyan

中共龙岩市委宣传部
龙岩市社会科学界联合会 编

社会科学文献出版社
SOCIAL SCIENCES ACADEMIC PRESS (CHINA)

总　序

　　中国是一个有着悠久文化历史的古老国度，从传说中的三皇五帝到中华人民共和国的建立，生活在这片土地上的人们从来都没有停止过探寻、创造的脚步。长沙马王堆出土的轻若烟雾、薄如蝉翼的素纱衣向世人昭示着古人在丝绸纺织、制作方面所达到的高度；敦煌莫高窟近五百个洞窟中的两千多尊彩塑雕像和大量的彩绘壁画又向世人显示了古人在雕塑和绘画方面所取得的成绩；还有青铜器、唐三彩、园林建筑、宫殿建筑，以及书法、诗歌、茶道、中医等物质与非物质文化遗产，它们无不向世人展示了中华五千年文化的灿烂与辉煌，展示了中国这一古老国度的魅力与绚烂。这是一份宝贵的遗产，值得我们每一位炎黄子孙珍视。

　　历史不会永远眷顾任何一个民族或一个国家，当世界进入近代之时，曾经一千多年雄踞世界发展高峰的古老中国，从巅峰跌落。1840 年鸦片战争的炮声打破了清帝国"天朝上国"的迷梦，从此中国沦为被列强宰割的羔羊。一个个不平等条约的签订，不仅使中国大量的白银外流，更使中国的领土一步步被列强侵占，国库亏空，民不聊生。东方古国曾经拥有的辉煌，也随着西方列强坚船利炮的轰击而烟消云散，中国一步步堕入了半殖民地的深渊。不甘屈服的中国人民也由此开始了救国救民、富国图强的抗争之路。从洋务运动到维新变法，从太平天国到辛亥革命，从五四运动到中国共产党领导的新民主主义革命，中国人民屡败屡战，终于认识到了"只有社会主义才能救中国，只有社会主义才能发展中国"这一道理。中国共产党领导中国人民推倒三座大山，建立了新中国，从此饱受屈辱与蹂躏的中国人民站起来了。古老的中国焕发出新的生机与活力，摆脱了任人宰割与欺侮的历史，屹立于世界民族之林。每一位中华儿女应当了解中华民族数千年的文明史，也应当牢记鸦片战争以来一百多年民族屈辱的历史。

当我们步入全球化大潮的21世纪，信息技术革命迅猛发展，地区之间的交流壁垒被互联网之类的新兴交流工具所打破，世界的多元性展示在世人面前。世界上任何一个区域都不可避免地存在着两种以上文化的交汇与碰撞，但不可否认的是，近些年来，随着市场经济的大潮，西方文化扑面而来，有些人唯西方为时尚，把民族的传统丢在一边。大批年轻人甚至比西方人还热衷于圣诞节、情人节与洋快餐，对我国各民族的重大节日以及中国历史的基本知识却茫然无知，这是中华民族实现复兴大业中的重大忧患。

中国之所以为中国，中华民族之所以历数千年而不分离，根基就在于五千年来一脉相传的中华文明。如果丢弃了千百年来一脉相承的文化，任凭外来文化随意浸染，很难设想13亿中国人到哪里去寻找民族向心力和凝聚力。在推进社会主义现代化、实现民族复兴的伟大事业中，大力弘扬优秀的中华民族文化和民族精神，弘扬中华文化的爱国主义传统和民族自尊意识，在建设中国特色社会主义的进程中，构建具有中国特色的文化价值体系，光大中华民族的优秀传统文化是一件任重而道远的事业。

当前，我国进入了经济体制深刻变革、社会结构深刻变动、利益格局深刻调整、思想观念深刻变化的新的历史时期。面对新的历史任务和来自各方的新挑战，全党和全国人民都需要学习和把握社会主义核心价值体系，进一步形成全社会共同的理想信念和道德规范，打牢全党全国各族人民团结奋斗的思想道德基础，形成全民族奋发向上的精神力量，这是我们建设社会主义和谐社会的思想保证。中国社会科学院作为国家社会科学研究的机构，有责任为此作出贡献。我们在编写出版《中华文明史话》与《百年中国史话》的基础上，组织院内外各研究领域的专家，融合近年来的最新研究，编辑出版大型历史知识系列丛书——《中国史话》，其目的就在于为广大人民群众尤其是青少年提供一套较为完整、准确地介绍中国历史和传统文化的普及类系列丛书，从而使生活在信息时代的人们尤其是青少年能够了解自己祖先的历史，在东西南北文化的交流中由知己到知彼，善于取人之长补己之短，在中国与世界各国愈来愈深的文化交融中，保持自己的本色与特色，将中华民族自强不息、厚德载物的精神永远发扬下去。

《中国史话》系列丛书首批计200种，每种10万字左右，主要从政治、经济、文化、军事、哲学、艺术、科技、饮食、服饰、交通、建筑等各个方面介绍了从古至今数千年来中华文明发展和变迁的历史。这些历史不仅展现了中华五千年文化的辉煌，展现了先民的智慧与创造精神，而且展现了中国人民的不屈与抗争精神。我们衷心地希望这套普及历史知识的丛书对广大人民群众进一步了解中华民族的优秀文化传统，增强民族自尊心和自豪感发挥应有的作用，鼓舞广大人民群众特别是新一代的劳动者和建设者在建设中国特色社会主义的道路上不断阔步前进，为我们祖国美好的未来贡献更大的力量。

陈奎元

2011 年 4 月

出版说明

　　自古至今，始终坚持不懈地从漫长的文明进程中不断总结历史经验教训，从中汲取有益营养，从而培植广阔的历史视野，并具有浓厚的历史意识，这是我们中国文化独有的鲜明特征，中华民族亦因此而以悠久的"重史"传统著称于世。在整个人类文明史上独一无二、系统完备的"二十四史"即证明了这一点。

　　中华人民共和国成立后，历史知识普及工作被放到十分重要的位置。20世纪五六十年代，著名历史学家吴晗主持编写的《中国历史小丛书》，90年代中国社会科学院院长胡绳组织编写的《中华文明史话》和《百年中国史话》，成为"大家小书"的典范，而后两套历史知识普及丛书正是《中国史话》之缘起。

　　2010年年初，为切实贯彻中央关于"做好历史知识普及工作"的指示精神，同时也为了更好地弘扬中国传统文化，我们对《中华文明史话》和《百年中国史话》

两套丛书的内容进行了修订和增补，重新设计框架，以"中国史话"为丛书名出版。第十一届全国政协副主席、时任中国社会科学院院长陈奎元亲任《中国史话》一期编委会主任，时任中国社会科学院副院长武寅任编委会副主任。正是有了各级领导的关心支持和诸多学术名家的积极参与，《中国史话》一期200种图书得以顺利出版，并广受好评。

《中国史话》丛书的诞生，为历史知识普及传播途径的发展成熟，提供了一种卓具新意的形式。这种形式具有以通俗表述、适中篇幅和专题形式展现可靠历史知识的特征。通俗、可靠、适中、专题，是史话作品缺一不可的要素，也是区别于其他所有研究专著、稗官野史、小说演义类历史读物的独有特征。

囿于当时条件，《中国史话》一期的出版形式不尽如人意，其内容更有可以拓展的广阔空间，为此2013年4月我们启动了《中国史话》二期出版工作。《中国史话》二期分为经济、政治、文化、社会和生态五大系列，拟对中国各区域、各行业、各民族等的发展历史予以全方位介绍。我们并将在适当时机，启动《世界史话》的出版工作。史话总规模将达数千种。

我们愿携手海内外专家学者，将《中国史话》《世界史话》打造成以现代意识展现全部人类历史和人类文明，集学术性、知识性、趣味性于一体的"万有文库";并将承载如此丰厚内容的史话体写作与出版努力锻造成新时期独具特色的出版形态。

希望史话丛书能在形塑民族历史记忆、汲取人类文明精华、培育现代国民方面有所贡献,并为广大读者所喜爱。

史话编辑部

2014 年 6 月

目录
Contents

序

梁建勇*

　　国有国史，地方有方志。史志谱牒是灵活生动的存史载体，记载着一个国家、一个地方、一个家族的悠久历史和灿烂文化，记载着历朝历代的沧桑往事和人文巨变，记载着丰富多彩的民俗风情和山川胜迹。江山代谢，当我们今天走进龙岩这一方宝地，自然期待有一册《龙岩史话》在手，透过纸上流淌的文字，叩响记忆之门，纵览沧桑的龙岩从哪里来，怎样走过峥嵘岁月、历史烟云和人事沉浮的千万斯年。以史为鉴，可以知兴替，选粹历史的一瞬，我们便可持卷一册品酌千年。当然，如要更加深入求索，则可借此为梯再潜入史、志深处了。

　　在龙岩的历史里潜行，犹如穿过一条漫长而丰富的文化长河，红色文化、客家文化、闽南文化在这里相互交融、激荡，造就了龙岩文化的瑰丽多姿、神秘多元。我们看到当年客家先民"自中原南下徙赣，再由赣徙闽"，一路筚路蓝缕、辗转流离，在千百年迁徙发展中秉承"一条扁担走天下"的客家精神，崇文重教，自强不息，培养出一代代客家骄子。今天，闪烁着人文理想光辉的客家文化，继续哺育新一代客家儿女茁壮成长。透过历史的烟云，"红旗跃过汀江，直下龙岩上杭"的壮美画卷缓缓打开，我们看到毛泽东同志在这里写下《星星之火，可以燎原》《古田会议决议》等光辉著作，成功从这里出发，胜利从这里开始。如今，"新古田会议"胜利召开，闽西苏区的红色文化再次烙上鲜明的时代印记，绽放出更加夺目的光华，历久弥新。

时光的脚步跨过历史的记忆，如今我们仍能从遗址、遗迹和风俗中触摸到历史脉搏的跳动。漳平奇和洞出土的"奇和洞人"头盖骨被誉为"福建文明的曙光"，虽然经过了上下几千年的风风雨雨，如今依然能让我们清晰地想象出他们生活的片段。在汀江、九龙江两岸的水浒边、低丘上，出土了大量的砺石、石锛、石铲、石箭镞、陶纺轮等石器、陶器，尤其是按汉高祖十二年诏"南武侯织……立以为南海王"，"在今汀潮赣之间的南海国"更是闽西文明蓬勃发展的佐证。我们不难从龙岩大地上找到闽南文化的踪迹，唐代建的天宫山大雄宝殿和纪念陈元光的威惠庙，奉朔漳平刘氏三兄弟的"三公庙"，宋代的江山铜城，无不处处透出闽南的建筑遗风，苏坂的"采茶灯舞"、适中的"盂兰盆节"、江山的"郭公节"更是闽南文化的精粹。

龙岩历史文化是一个多元的文化。在它的涵养下，孕育出了众多历史名人，吸引了张九龄、李纲、朱熹、王阳明、宋慈、文天祥、徐霞客、纪晓岚等历史文化名人的目光，孕育了清代著名画家上官周，"扬州八怪"的黄慎、华嵒等名震海内外的闽西籍一代文化艺术宗师。他们代表了闽西文艺历史的高度，在闽西大地上留下的光彩华章成为闽西历史天空中的灿烂星座。他们用属于自己的方式，记录了一个时代的文化，创造了那个时代文化的辉煌。如何把这些古今资源开发好、利用好，是摆在我们面前的现实课题。广大历史、文化和文艺工作者是传承历史文化的重要力量，时代赋予了我们这样的使命，我们更应该以此为价值追求，处理好文脉传承与引领时代的关系、文艺精品与群众文艺的关系、接地气与塑灵气的关系、社会效益与经济效益的关系，提取龙岩文化的 DNA，凝聚精气神，唱响龙岩风，使之成为中华文化的瑰宝。《龙岩史话》就是这样一本书，它通过梳理龙岩历史文化的脉络，成为弘扬继承闽西历史文化的又一重要载体，有益当下、惠及长远。当我捧起《龙岩史话》这本书，似乎回到了龙岩那段悠长的岁月。有理由相信，这本有着厚重文化底蕴的《龙岩史话》，将产生深远的影响力并得到聪敏睿智的后来者不断续修！

是为序。

2015 年 12 月

一　建置沿革

1　千年脉络

　　龙岩市，是中国大陆 333 个地级行政区划中，唯一以中华民族最具代表性的文化象征之一"龙"命名者。"龙岩"一名诞生于唐天宝元年（742），迄 2015 年已有 1273 年。而其中心城市所在新罗区，其"新罗"之名则始用于西晋太康三年（282），至 2015 年更长达 1733 年。

　　龙岩市位于北纬 24°23 ~ 26°02'、东经 115°51' ~ 117°44'，属亚热带季风气候，年平均气温 18℃ ~ 20℃，全年无霜期达 300 天以上，冬无严寒，夏无酷暑，非常宜居。因位于福建省西部，通称"闽西"，有七个县级辖区，即新罗区、永定区、漳平市、长汀县、上杭县、武平县、连城县，面积 1.9 万余平方公里，人口约 300 万，有"客家祖地"美誉。

今日龙岩市的雏形，是清代福建的一州一府，即龙岩直隶州、汀州府辖区的大部。这一州一府，分居于九龙江上游流域和韩江上游汀江流域，其形成史远溯西晋，经东晋、南朝、隋及唐、五代、宋、元、明至清中叶，绵延1400余年。1912年后，几经变迁，稳中有变。而今日龙岩市辖区的初步定型，则源于1949年9月福建第八专区的设置。由专区而地区，1997年撤地设市为地级龙岩市。

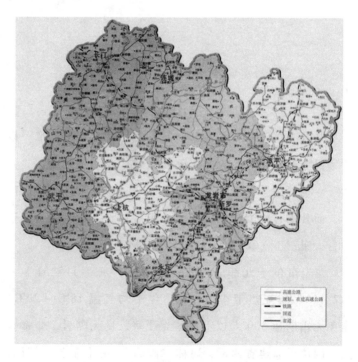

龙岩市行政区划图

西晋以降，古代闽西两级行政区划（府州及县）由无到有、由少至多、由分而合，沿革有序。简言之，晋有新罗县，唐置漳州、汀州，各辖有龙岩县、长汀县；宋汀州增四县，内有上杭、武平、连城三县；明汀州再增两县，其一为永定，漳州增五县，其中有漳平、宁洋，至此今日龙岩市所辖二区一市四县，以县的形式全部产生，即长汀、龙岩、上杭、武平、连城、漳平、永定。清代设龙岩直隶州，闽西形成一州一府格局。龙岩独领一州，这为其 1949 年后跃升为闽西中心及今日龙岩市中心城市奠定了基础。

回顾龙岩市近两千年的建置沿革史，梳理其脉络，我们可以获知它的一些重要特点：

其一，龙岩市的建置沿革史，其表征（外在表现）是清代龙岩州、汀州府和其属县在九龙江流域、汀江流域的设置沿革史，以及一州一府由分而合、携手共进的历史。

其二，龙岩市的建置沿革史，其实质（内因动力）则是中国历史发展大背景下，江南地区渐次开发进程中的闽西开发史，它是闽西地区经济文化不断发展、人口持续增长的结果。

其三，龙岩市的建置沿革史，其特性（特殊性质）在于它是中原南迁汉人与南方原有族群共存共融、合力开发建设闽西山地，以及汉族南方客家、闽南（河洛）两大民系和畲族等形成发展、交融共进的历史。

2 西晋开县

《说文解字》中说："闽，东南越，蛇种。"闽西远古先民属崇蛇的闽越族，他们经历了漫漫石器时代。我国中原地区进入文明时代后，自夏、商、周至秦汉三国（前2070～280）这 2350 年间，中原地名如繁花次第开放，而荒服之地闽西却无一名。"《禹贡》，扬州"，"周，职方氏，七闽"，"闽中郡"，"建安郡"，它们依次描述出漫长年代闽西遥远的归属地：夏商之际，闽西名归传说中的《尚书·禹贡》所载"九州"之扬州，西周为《周礼·夏官》所载"七闽"之属，东周系"闽越国"之隅；秦统一天下，首创郡县制，闽西偏居"闽中郡"（治今福州）西鄙；两汉漫漫，闽西属于扬州刺史部会稽郡（治今绍兴）冶县、东冶县（治今福州）辖地；三国纷争，闽西则隶于吴之扬州建安郡（治今建瓯）。

漳平奇和洞：古闽越人栖身的洞穴

"天经地纬，理有大归。"闽西地无一名之境况将随西晋一统，中原政权扩张、汉文化不断南下而结束，闽西丛林第一个地名呼之欲出。史志曰：

古闽越人的创造：奇和洞出土的鱼形艺术品

晋安郡，太康三年置，统县八，户四千三百。原丰，

新罗，宛平，同安，候官，罗江，晋安，温麻。

——《晋书·地理下》

闽西现知最早的地名"新罗"，现存可查最早记载它的古
籍就是《晋书》，它对西晋福建两郡十五县（建安郡"统县
七"，晋安郡"统县八"）的平静叙述，实质却隐藏了自吴永
安三年至西晋太康三年（260～282）这22年间，福建县份由
一个候官县猛增至十五县的爆炸式扩张图景，而新罗县是
其一。

太康三年（282），扬州建安郡分置晋安郡，新郡配套即

增七县。除新罗县外，其余六县以候官县为中心南北扩散于闽东、闽南两地沿海。故福建建安、晋安十四县，呈"Y"形分布于闽江流域与沿海地区。

新罗，是辽阔闽西获得的第一个汉字行政地名。旧事茫远，《晋书》又惜墨如金，后人对新罗县几个基本问题的索证只能推论。

其一，新罗县辖区。南宋《临汀志·建置沿革》认为"晋安郡，领县八，其一为新罗，而汀基于此"。明《八闽通志·建置沿革》载："新罗，即今长汀、上杭、武平、龙岩县地。"明嘉靖《龙岩县志·序》也载："龙岩，古新罗县也。"总之，后人一致认为晋新罗县辖区在今闽西汀州、龙岩一带。其言之凿凿的依据，是唐朝汀州新罗县的复置。

其二，新罗县治所在。虽古人感叹"莫知何址"，但后人一般认为新罗县治在后世长汀县，如清乾隆《汀州府志·丛谈》引旧志载："新罗乃山名，当在长汀之西，晋唐因之以名县，非今之龙岩城即古之新罗城也。"

而今新罗区（旧龙岩县）有晋朝为新罗县苦草镇之说，如明嘉靖《龙岩县志·建置》就载："龙岩，本晋新罗县苦草镇。"镇，是古代边境驻兵戍守的军事据点。苦草者，别称蓼萍，盛产于溪流之中。它隐隐透露出古时龙岩河流纵横、水草丰茂的信息，这是群山崇岭之中的一个小小泽国。而一个"苦"字又流露出其边鄙荒远、生理维艰的况味，绝无《诗经·关雎》"参差荇菜，左右流之。窈窕淑女，寤寐求之"的惆怅浪漫。

西晋扬州建安郡与晋安郡地图

注：本图选自谭其骧主编、中国地图出版社出版的《中国历史地
图集》。

其三，新罗县得名。"新罗"一名，亦遵循中国地名学的
两大命名法则，即"山川法"和"祈愿法"。所谓"山川法"，
即后人认为新罗县得名于新罗山，南宋《太平寰宇记》"汀州
长汀县"条引唐《牛肃纪闻》，说唐有一恶神自称"吾新罗山
神也"，故清朝长汀人杨澜《临汀汇考》即认为新罗县得名于
长汀县境内的新罗山，清乾隆《汀州府志·丛谈》也持此说。
据言，新罗山在今长汀县城西篁竹岭至留崇祖师峰一带，或谓
长汀县西北之新乐山。而"祈愿法"，有如晋代"晋安郡"之

"安"，"新罗"可能是因县境内人民为"新近罗致"而得名，它寄予朝廷对这片处女地的祈愿。奇妙的是，晋新罗县竟与其后的朝鲜半岛新罗国在其音译汉字写法几经变化之后同形。新罗国，《三国志·魏书·东夷传》载为"驷卢国"，《梁书·诸夷》则载"魏时曰新卢，宋时曰新罗，或曰斯罗"。朝鲜《三国史记》（修于我国北宋时）则认为其故国"新罗"之名，含"德业日新，网罗四方"之意。这种汉文解释与晋新罗县名之义异曲同工。

其四，新罗设县原因。新罗，新罗之民，故新罗置县与得名都应与晋代闽西移民增多、初步开发、统治进入有关。新罗设县后，晋朝发生了著名的"八王之乱""五胡乱华""永嘉南渡"等大事，致使"中州板荡，衣冠入闽者八族"，南渡者如潮。新罗县的设置是晋朝中原汉民大南迁之先声，也透露出当时闽西所接受的移民可能是南溯赣江而来的史实。由此可以想象，古代汉人由赣南入闽西，那一带的山峰最早从汉人那里获得名字。新罗山横亘于闽赣之间，必定给穿越其岭的汉人留下不可磨灭的印记，因此被借用为闽西第一县之名。总之，那时的新罗对于南迁汉人而言，确实隐含着他们对这片辽阔陌生丛林新的期待与祈愿。

历史充满了吊诡，"衣冠南渡，八姓入闽"，闽地县份无增反减。南朝宋泰始四年（468）晋安郡改名晋平郡，新罗、宛平、同安三县被撤并，新罗县自晋太康三年至此（282～468）存在186年。

新罗县，这座闽西荒野中的小城，像一支小小的蜡烛，它

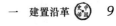

淡淡的光芒照耀着蒙昧的闽西，几许温馨，几许凄凉。而在乱世的劲风中，它那薄薄的火焰终于熄灭，时在南朝宋泰始四年（468）。

不过，"新罗"两字并未被人遗忘。清代"扬州八怪"之华嵒，一生寓居江南，但他犹记故乡上杭白砂古为新罗县地，自号"新罗山人"，使"新罗"一名在中国美术史上熠熠生辉。1500余年后，1997年5月1日，龙岩撤地设市，原县级龙岩市改设新罗区，"新罗"一名获得新的历史生命延伸。而更有趣的是，据说1990年曾有一批韩国客人来到中国龙岩，探寻两国古"新罗"之间可能的关联。

新罗立县186年的积累之功不会湮灭。这186年，正是魏晋南北朝大分裂、大动荡更是大融合、大发展的时代，南方由此得到大规模开发，它为盛唐的出现作了铺垫，闽西更高级别的行政建置也将出现。

3　大唐立州

> 漳浦郡……漳州，今理漳浦县……领县三：漳浦，龙溪，龙岩（近置）。
>
> 临汀郡……汀州，今理长汀县……大唐开元二十六年，分置汀州……领县三：长汀，龙岩（近为沙县），宁化。
>
> ——《通典·州郡十二·古扬州下》

成书于唐贞元十七年（801）的《通典》，是现存最早记载"汀州""龙岩""长汀"等地名的一部古籍。

隋祚如秦，唐兴如汉。地方行政区划唐亦复归汉制，本质上实行郡（州）县两级制。

唐开元十三年（725），闽州改为福州都督府（唐制，都督下辖数州，都督办理公务所在州称都督府，属下其他州称支郡），以州西北福山为名，掌督福建全境军政。福州西北建安县地已置建州，开元二十一年（733），朝廷又在福州置经略使（军事长官），取福州、建州首字合名为福建经略使（后设福建观察使），这是"福建"一名的来历。

这一年，福州都督府属官长史唐循忠来到遥远的闽西，查出因逃避徭役而来的百姓共三千余户。于是，唐循忠上奏朝廷请求于此地新置一州，以便对这些避税流民进行管理。开元二十四年（736），朝廷批复设置汀州，领长汀、新罗、宁化（原名黄连）等三县。

故成书于唐元和八年（813）的地理总志《元和郡县图志》在《江南东道五》中载："汀州：临汀，下（州），元和户二千六百一十八，乡一十一。开元二十一年，福州长史唐循忠于潮州北、虔州东、福州西光龙洞，检责得诸州避役百姓共三千余户，奏置州，因长汀溪以为名。……管县三：长汀，沙，宁化。""（漳州）龙岩县……先置在汀州界新罗口，名新罗县，属汀州。"

关于汀州的设置年份，有开元二十一年（733，《元和郡县图志》）、开元二十四年（736，《旧唐书》）、开元二十六年

（738，《通典》）三说，今人一般采信"二十四年"说。

汀州属福建观察使辖区，开元间设十五道监察区（道），汀州又属江南东道。唐代汀州初时辖境包括今龙岩市全境及三明市大部。西晋新罗县被废268年以来，闽西不断隶属各个州郡，直到汀州设置，这片空寂的土地上第一次有了自己的州郡级行政建置。

汀州是唐朝福建境内最迟所置之州，福建至此拥有福、建、泉、漳、汀五州，二十四县。都市的出现是河流的期待，这样福建四大流域全拥州城，最大的闽江流域上有建州、下有福州，晋江有泉州，九龙江有漳州，汀江则有汀州。自此，由唐至民国，长汀历代为州、郡、路、府治以及行署、省苏维埃政府所在地，为闽西政治、经济、文化中心。1994年，长汀被评为中国历史文化名城。

当初是如何选上"汀"这个音美、形约义丰的汉字，给新州取名的呢？据宋《临汀志·丛录》所载，一是"字形说"，即州城的河流由正南略西入海，而罗盘以天干之"丁"标示正南略西之位，故"丁位之水"，"水、丁"合为"汀"。还有一种"字义说"：《尔雅》释"汀"为水边平地，"长汀"即长形水边平地，州城初设于溪边长汀村，溪称长汀溪，故《元和郡县图志》称汀州"因长汀溪以为名"。

汀州初置时辖有新罗县，其县名即继承于晋新罗县。设州后十六年即天宝元年（742），朝廷下令"天下诸州改为郡"，"改天下县名不稳及重名一百一十处"，于是汀州改为临汀郡（乾元元年即公元758年，复郡为州），因"不稳"（不妥）黄

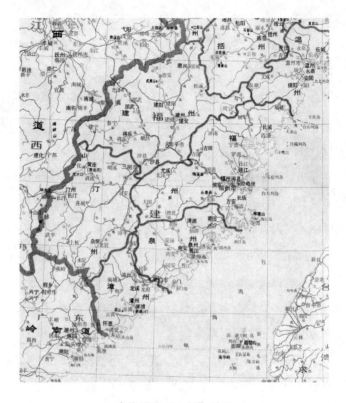

唐代福建"五州"地图

注：本图选自谭其骧主编、中国地图出版社出版的《中国历史地图集》。

连县改名宁化县，而新罗县改名龙岩县，有可能因"不稳"也可能因"重名"（即与大唐之东朝鲜半岛"新罗"重名）。

《元和郡县图志》记汀州"八到"，其中西北至长安6295里，东北至福州1360里。汀州设置之初仍很荒蛮，闽越人后裔的一支山都木客活跃其间，故宋《太平寰宇记》引唐《牛肃纪闻》如是描述唐时汀州："州境五百里，山深林木秀茂，以领长汀、黄连、新罗三县。地多瘴疠，山都木客<u>丛</u>萃其中。”

所引《牛肃纪闻》还记录了伐木造州城时，遭遇“三都”（三种“山都”）的令人骇怖的情形：“州初移长汀，长汀大树千余株，皆豫章迫隘。以新造州府，故斩伐林木。凡斩伐诸树，其树皆枫、松，大径二三丈，高者三百尺。山都所居，其高者曰人都，其中者曰猪都，处其下者曰鸟都。人都即如人形而卑小，男子妇人自为配偶；猪都皆身如猪；鸟都皆人首。尽能人言，闻其声而不见其形，亦鬼之流也。”

宋《太平广记·妖怪三》引唐《会昌解颐录》记述说，元自虚任汀州刺史期间，有能显人形的树妖山魈作怪，元自虚刚正不愿“香火事之”，反令人焚火烧死了树上的山魈之属，于是遭到山魈首领萧老的报复。萧老用妖术变虎，“走人中门，其（元自虚）家大小百余人，尽为所毙，虎亦不见。自虚者，亦一身而已”。

瘴疠之气、树妖之害，似乎一直笼罩在大唐汀州。汀州初置于长汀村（即今上杭县临城镇九洲村，九洲即“旧州”音转）。不久，州城及附郭长汀县城一并沿溪（汀江）北迁到上游的东坊口（在今长汀县城北郊）。大历四年（769），陈剑赴任汀州刺史，下车伊始，“闻鼓角声堙郁不畅，进吏民问状。曰：‘年谷不登，民多疾疫。’剑曰：‘治虽草创，堪数迁耶？’愕眙久之。乃更卜西五里卧龙山之阳曰白石村，疏其利病，请之朝而改筑焉”。瘴疠之气、年谷不登使汀州第二次迁州，迁往州西五里卧龙山南坡的白石村。白石村，就是今日长汀县

城。自此至 1912 年，1143 年间汀州之州、郡、路、府城均设
于此。长汀成为闽西政治、文化、经济中心。汀州州治北迁，
州境南部顿显空阔无治，于是陈剑在龙岩县胡雷（今永定区
湖雷镇）设置了上杭场，并于州西南境设有军事防卫性质的
两镇：南安镇（在今武平县岩前镇）、武平镇（在今武平县中
山镇）。

唐代始建的汀州古城墙（张亮珍 摄）

汀州之东南，九龙江流域，唐垂拱二年（686）已设置漳
州。在河运决定人群往来、经济格局进而影响区划的年代，因
龙岩县地处九龙江上游，没有河流直通汀州，于是隶属汀州
41 年后，唐"大历十二年皇甫政奏改隶漳州"。皇甫政时为福
建节度观察留后（即代理福建节度使、观察使）。其后至清雍
正十二年（1734）近千年间，龙岩县一直隶属漳州。龙岩县
居民及其语言、民俗等，逐渐融入了闽南文化圈，但因其地处
汀、漳两州来往孔道，居民不少迁自汀州，故其语言、民俗具

有客家、闽南（河洛）过渡性质。作为平衡补偿，同年原属建州的沙县归属汀州。

公元907年，唐室倾覆。随之，进入纷乱的"五代十国"（907～960）。淮南人王审知入闽，被封为闽王，福建于后梁、后唐、后晋末（909～945）为闽国，汀州属之。王审知入闽初，唐汀州刺史钟全慕归附，《临汀志·郡县官题名》载，"审之（审知）喜全慕骁勇有谋略，分汀使世守"，钟全慕之孙钟翱，"生而雄武有膂力，善骑射，审之每奇之，继而全慕为州都统使刺史"。钟全慕、钟翱祖孙皆为汀州刺史，世守汀州。王审知殁后，王氏子孙内讧，公然违背王审知让钟氏子孙"世守汀州"的君子之诺，自任汀州刺史。闽国西北毗邻强大的南唐，南唐保大三年（945），中主李璟派兵踏破王延政苦心构建的古城关（在今长汀县古城镇），攻打接壤的闽国汀州、建州，钟翱顺势归附南唐，汀州变成南唐最南端的贫瘠属地。保大五年（947），南唐设剑州（宋初改称南剑州），沙县从汀州划出属剑州，汀州只辖长汀、宁化两县。保大十二年（954），上杭场从胡雷下保迁往附近的太平乡艺梓保（今永定区高陂镇北山村）。南唐交泰四年（即宋建隆二年，961年），南安、武平两镇合并为武平场。

闽国三分，汀、建属南唐，福州属吴越，泉、漳先后为原闽国军人留从效、陈洪进占据，南唐采取羁縻之策，升泉、漳为清源军节度使，漳州龙岩县属之。

唐末大乱，五代混战，潜流于闽粤赣边千山万壑的汀江，是江南最后一条人迹罕至的河流，无疑成了乱世人们寻求桃源的最后向导。于是，唐末、五代大批江淮子弟，随王潮、王审知辗转经江西、浙江来到汀江、九龙江两岸，而人口大迁徙的高潮更将在两宋时滚滚而来。

4 两宋七邑

北宋开宝八年（975），在底定中原建立大宋（960）后十五年，宋军南下灭南唐，福建汀、建、剑三州属宋。太平兴国三年（978），漳、泉、福三州归宋。至此，福建全境六州悉归大宋图籍。宋代地方行政区划实行路—州—县三级制。至道三年（997），分天下为十五路，福建路为其一，汀州（辖长汀县等）、漳州（辖龙岩县等）均属福建路。

一批新县（八个）在北宋初期的福建设置，其间淳化五年（994），长汀县南境的上杭场、西南境的武平场各升为县，析长汀县地隶之，汀州增县至四个，领长汀、宁化、上杭、武平。上杭县治在太平乡艺梓保，武平县治在顺义乡武溪里（在今中山镇）。

上杭、武平，其名唐代已有。而溯其名来由，如武平，宋《临汀志》引"旧经云：'以其地坦夷而人多好武，故名。'""经"即图经，是古代附有图画、地图的地理志。所谓"其地坦夷""人多好武"，系从地情之"平"、人情之"武"而言。武平县地处万山之中，称其"坦夷"可能是指最初县治所在武溪里地势较为平坦。至于"上杭"一名，因唐上杭场初设于今永定区湖雷镇内，"杭"古通"航"，《说文解字》载

南宋福建"八闽"地图

注：本图选自谭其骧主编、中国地图出版社出版的《中国历史地图集》。

"杭，渡也"，"杭，方舟也"。湖雷之地有如舟形（或木排形），故清康熙、乾隆、同治年间所修四部《上杭县志》之"建置沿革"均称：县名来源于旧上杭场"形如木簰之浮水上也，亦称杭川"。

宋《临汀志·廨舍》载，武平县治最初设于武溪里，后来听从了一个叫刘已的日者（占候卜筮之人）的建议，将县治迁到今天的县城平川镇。而上杭县治更是在设县仅两年就开始了四次迁徙的漫漫历程：至道二年（996），从艺梓保迁往鳖沙（今白砂镇碧沙村）。咸平二年（999），从鳖沙迁向语口渡（今旧县镇全坊，因曾为县治，故有"旧县"之称）。天圣五年（1027），钟寮场坑冶兴盛，商旅辐辏，便从语口渡迁至紫金山下的钟寮场（今才溪镇荣石村中寮），县治于此驻留141年。民国《上杭县志》载，"县治四迁，屡经残劫，皆治非其所"。南宋乾道三年（1167），县令郑稷顺应民意，将上杭县城迁往郭坊（今县城临江镇），三折回澜，寥廓江天，舟楫从流，锁定县城长驻于此，迄2015年已达849年。民国诗人丘复先生作有《旧县河》诗云："水口梅溪古寨雄，金山秀气郁清葱。卅年县治三迁地，都在河流十里中。"

宋代始建的上杭文庙（朱裕森 摄）

　　元符元年（1098），析长汀、宁化地置清流县。汀州知州
郑强勘察合适之地，析长汀县古田乡六个团里置莲城县。至此
汀州增县为六个：长汀、宁化、上杭、武平、清流、莲城，其
中三个半县析自长汀县。南宋福建只增两县，莲城为其一。

　　关于莲城县得名，宋《临汀志》说："因其素号莲城村以
名之。"就是说，县城所在地长期以来即叫莲城村，以村名
县。而莲城村，则得名于县城东五里的东田石，"峭壁巉岩，
高插霄汉，盘磅数十里"，远望似朵朵白莲盛开，故又名莲
峰，峰下之村即名"莲城村"。莲峰，据《临汀志·山川》
载，因宋代"官置三寨其上，每遇寇警，必移民于此，真一
夫当关、万夫莫前之险"，俗称"官寨山"（今仍有竹安寨
等），元代雅称为"冠豸山"至今。

　　宋代漳州辖四县（龙溪、漳浦、龙岩、长泰），其辽阔的
北部仍只有龙岩一县。故约于南宋绍熙二年（1191），朱熹任
漳州知州期间，他在《劝谕龙岩县榜》中仍感慨道："具官当
职，恭奉敕命来守此邦。见本州四县，龙溪诸邑风俗醇厚，少
有公事干扰州府。独有龙岩一县，地僻山深，无海乡鱼盐之
利，其民生理贫薄，作业辛苦……"由于龙岩县地域阔大，
毗邻汀州之上杭、莲城诸县，故民国《龙岩县志·氏族志》
即载，有相当多的汀州人氏从宋代入迁龙岩县。

　　北宋太平兴国五年（980），福建路已有州六：福州、建
州（南宋升为建宁府）、泉州、南剑州、漳州、汀州，有军
二：邵武军、兴化军，故称"八闽"，汀州是其一。宋代福建
路有四十七县，汀州有六县，其中四县为宋代新增，宋代汀州

是福建新增县份最多的一州。这是宋代汀州人口激增的反映，也是宋代与北方辽、西夏、金长期对峙，中原大量汉人南迁入汀的反映。据《通典》载，汀州大历间"户五千三百三十，口一万五千九百九十五"；《元和郡县图志》载，唐元和间汀州"户二千六百一十八"；《旧唐书》载，唐天宝间汀州"户四千六百八十，口一万三千七百二"。总之，有唐一代，汀州地广人稀，户数不过六千。而至宋代，《宋史》载，宋崇宁间汀州"户八万一千四百五十四"，而《临汀志》引庆元间所修旧州志载，汀州"主客户二十一万八千五百七十，主客丁四十五万三千二百三十一"。故汀州知州陈轩盛赞汀州城："十万人家溪两岸，绿杨烟锁济川桥。"

宋代始建的汀州府学（张亮珍 摄）

"地势西连广，方音北异闽。"宋代有人漫游途经汀州作《过汀州》诗，他敏锐地察觉到时人亦视之为闽南的汀州地区，其语言与福建其他地区的语言不同，故言"方音北异闽"。汀州这种与闽语不同的语言，就是客家话。宋代包括汀州在内的闽粤赣边大量接纳移民，经与当地原有族群融合，在两宋已逐步形成了汉族南方最新支系——客家民系，客家话是客家民系在语言上的最直观反映。南宋末，元军南下，文天祥起兵抗元，"收兵入汀州"，"大兵入汀州，天祥遂移漳州"，追随文丞相勤王抗元，将汀州、龙岩县两地更多民众联系在一起。

元朝创设行省制度，地方行政区划大致为省—路（府）—（州）县三级。百年元朝，历经战争浩劫，福建人口流离失所，汀州为元世祖囊加真公主领地，"兵后人家尽卖牛"，人口锐减。元改宋之州府为路，至元十五年（1278）汀州升为汀州路，并随福建全境先后隶属江西行省、福建行省、江浙行省（下设福建道宣慰使司），元末至正十六年（1356）重置福建行省，汀州路复属之。有元一代，汀州未增县，仍辖六县。莲城易名连城，关于其"草头"之革除，明《八闽通志·邑名》载："连城县，旧名莲城，元至正间，草寇罗天麟平，因去草为连。"漳州路从龙岩等县析地，在南部新增南胜县（今南靖县），领县五，龙岩县仍为漳州路北部唯一一县份。

5 明清奠基

明代，今日龙岩市所辖七个县级行政区，已全部设置。清代，龙岩直隶州设立。闽西呈现一府一州，它们奠定了今日龙岩市行政区划的基础。

明朝改元行中书省为承宣布政使司（布政司），行政区划为布政司—府—州—县。据《明史·地理六》载，福建布政司"领府八，直隶州一，属县五十七"，汀州府为八府之一，龙岩县仍属漳州府。

明代，汀州府增置归化（今明溪县）、永定两县，与元朝已有的长汀、宁化、上杭、武平、清流、连城合计八县，"汀州八县"由此定型，其中五县属今天的龙岩市。漳州府增置漳平、平和、诏安、海澄、宁洋等五县，与元朝已有的龙溪、漳浦、龙岩、长泰、南胜（明南靖县），共领十县，其中龙岩、漳平、宁洋三县辖区属今天的龙岩市。明代福建新置十县除寿宁、永安、大田三县，七县在闽西南的汀、漳二府，而漳州府又是增县最多者。

和前代县名如长汀、龙岩、莲城、清流多取于山川胜景不同，明代福建新置县名多带"平、安、定、宁"等字，急转向中国地名法的另一大类"祈愿法"。其实，这是明代闽中、闽西南的官府与民间"寇乱思安""设县治安"思想的折射。

明中期正统十三年（1448）二月，福建历史上规模最大的邓茂七发动的矿工农民起事在沙县、尤溪爆发，史称"沙尤寇乱"，波及福建大部，至正统十四年（1449）十一月告败。

农民军曾攻打闽西龙岩、长汀、上杭、连城诸县。明嘉靖《龙岩县志·沙贼残县》载，邓茂七部攻打龙岩县，以屠城胁众，造成"邑人骚动"，破城后，"官民居储焚掠殆尽"，"官

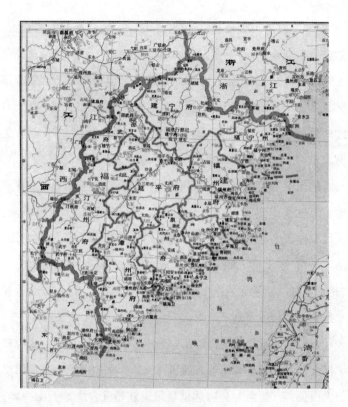

明代福建地图

注：本图选自谭其骧主编、中国地图出版社出版的《中国历史地图集》。

民死者甚众"。其间，龙岩县进士刘棠（今漳平市新桥镇人）任户部员外郎，恰年老归省，即"谕众讨贼，激以忠孝"，率数百人与战，后被捕，"骂贼不屈而死"。

而闽西内部也是"寇乱"不断，如上杭县，天顺六年（1462）南部胜运里爆发了李宗政"白眉军之乱"，成化十三年（1477）溪南里又爆发了钟三、黎仲端之乱。

"非立县不可为长久之计！"于是，一批新县在闽西添置，如归化县（今明溪）、永定县、漳平县、宁洋县。其中，成化七年（1471），析龙岩县北部九龙乡五个里置漳平县。关于漳平县名，漳平旧县志称"县名取邑居漳水上流，千山之中，此地独平之意"，当然"地平"之外，自然也寓"平安"之愿。

成化十四年（1478），福建巡抚高明（江西贵溪人）在平定了上杭溪南里钟三之乱后，感叹上杭县南部"地僻山深，人民顽梗，平居则以势相凌，有事则持刃相杀"，"地方宽阔，治理不周"，上奏"添设一县管理，使公事易办，强梗知法"，"地方有托，永远无虞"。奏章获准，朝廷析上杭县南部地置永定县，县名被寄寓了"永久安定"的祈愿。

永定县的设置，使得汀州府最南端的博平岭山脉南区得到了极大开发。博平岭山脉西麓属汀州府，东麓属漳州府，那里的大山长谷，是两府最边远也是最迟获得开发之地。明中叶，永定县、平和县先后于博平岭山脉西、东麓设置，南靖县城西迁。客家民系由于人口激增，永定县金丰溪流域金丰里的客家人开始越过博平岭山脉，东进到漳州府辖地。这里山高林密，野兽出没，客家人深信只有聚族而居，加强族人互保，借助厚厚的城堡才能踏实度过一个个漫长之夜。明代，烟叶从南洋传入漳州府并蔓延至"近水楼台"永定县，凭借种贩烟叶所获豪利，汀漳交界处的很多客家家族开始兴建宏伟的客家土楼。黄绵绵、金灿灿、柔软的烟丝，散发着奢靡、颓废的气息，汀漳一带的客家人却借它建造出固若金汤的客家大土楼！

　　明隆庆元年（1567），朝廷为便于平寇，又析龙岩县、永安县地设宁洋县，新县治所在地（今漳平市双洋镇）有东西两块平洋（平坦）田畴，称东洋、西洋，于是县名按"宁靖东、西洋之地"的心愿，名"宁洋"。1956 年，宁洋县撤销，存县 389 年。明初永乐年间，与郑和同为正使下西洋的航海家王景弘，其名曾先后被列入清《龙岩州志》"龙岩县人"，清《宁洋县志》"宁洋县人"，今《漳平县志》"漳平县人"，奥秘在于其故里明集贤里香寮村，明初属龙岩县，明后期属宁洋县，1956 年后又属漳平县（今漳平市）。由一人故里先后属三县之殊象，展现出九龙江上游县级行政区划几经变迁的一个侧面。

　　这样，从唐置漳州以来，其北部九龙江上游的深窈丛林、广阔山地，历唐、五代、两宋、元，到明中后期，终于由龙岩一县增至龙岩、漳平、宁洋三县。这为清代龙岩直隶州的设置提供了重要条件。

　　清代，行政区划秉承明制，几乎无变。福建省"领府九，直隶州二，厅一，县五十七"，汀州府仍领县八，漳州府初仍领县十。雍正十二年（1734），福建"升福宁州为府，永春、龙岩为直隶州"。"升龙岩为直隶州。漳平、宁洋割隶"。即龙岩升为直隶州，辖龙岩、漳平、宁洋三县。清承明制，省下辖府、州、县，州则分直隶州、属州两种，即地方行政区划层级结构一般为"省—府—县"，但另有两种特殊形式："省—直隶州—县"、"省—府—属州—县"。直隶州直隶于省，与府相当，下领县；属州则隶属于府，有领县和不领县之分。所谓

"属州视县，直隶州视府"。清代"计全国直隶州七十有六"，龙岩直隶州即是其一。

朝廷升置龙岩州的原因，据福建总督郝玉麟《议覆福宁、永春、龙岩改隶府州县疏》所言，是"漳属之龙岩县，上接汀州，下通延建，山深箐密，去府三百余里……请以龙岩县为直隶龙岩州，以漳平、宁洋二县归其管辖，则互相犄角，金汤永固"，根本原因仍是为了更好地进行行政管理。

龙岩独领一州，是唐开元建汀州以后闽西地区出现的另一个州级建置。清承明制，省下设道（如同分省），由于山水相连，汀州府、漳州府、龙岩州共设汀漳龙道。而龙岩州则是联系汀、漳两府山海孔道、地理中轴，地位日隆。龙岩升州，摆脱了一千年的县级建置，是它日后最终成为闽西行政中心的最关键一环。清代闽西一府一州是今日龙岩市行政区划的雏形和基础。

6 现代演进

1912年，中华民国元年，两千年帝制随末代王朝一同轰然倒塌，此后纪年由帝号改为公元，空间标示也废弃州府先后改行路道制、行政督察区制。民国时，长汀、龙岩两县均为行政公署所在地，行政区在全省的序号和隶属县域都变化颇多。

民国执政者先后为北京政府（北洋政府）、南京政府。北京政府期间（1912～1927），全国政区体制出现新变化，废府州留县，实行省、（路）道、县三级政区体制，1912年福建全省设东路、南路、西路、北路四道，1914 年又改为闽海道、厦门道、汀漳道、建安道，清代汀州府、龙岩直隶州所辖各县先后均属西路道、汀漳道。

南京政府期间（1928 年至 1949 年 9 月），1928 年正式废道，实行省、县二级政区体制。1932～1936 年，全国各省陆续实行行政督察区制度，各省均被划分为若干行政督察区（简称"专区"），以序数命名。行政督察区是介于省、县之间的准行政区，由行政督察专员公署管理，故南京政府的地方行政制度为省—专区—县的虚三级制。福建省于 1934 年设行政督察区，全省分十区，其中龙岩县为第七行政督察专员公署所在地，长汀县为第八行政督察专员公署所在地。随后，于 1935 年、1936 年、1943 年、1946 年、1947 年，福建行政督察区进行了数次调整。其间，1935 年福建行政督察区改为七区，龙岩县为第六行政督察专员公署所在地，辖龙岩、永定、漳平、宁洋、上杭、大田、华安 7 县。长汀县为第七行政督察专员公署所在地，辖长汀、宁化、建宁、武平、连城、清流、泰宁、明溪 8 县。最末一次，1947 年 4 月，福建全省行政区再次调整为七个，第七行政督察专员公署设在龙岩，辖龙岩、长汀、连城、武平、永定、上杭、漳平等七县。

民国期间，闽西在两个特殊时期，行政区划以特殊形式存在：

其一，1933 年 11 月，国民革命军第十九路军发动"福建事变"，成立中华共和国人民革命政府，定福州为首都，将福建划为闽海、延平、兴泉、龙汀四省，漳州为龙汀省驻地，龙汀省辖清代汀漳龙道及民国初汀漳道诸县。1934 年 1 月，"闽变"失败，政权、政区解体。

其二，中共土地革命期间（1927～1937），闽西设置特殊行政区划——苏区（苏维埃政区），政区则随战情变化而变化。1930 年，闽西成立闽西苏维埃政府，辖龙岩、永定、上杭、武平、长汀 5 县。1931 年，闽西苏区增设汀州市，并辖上杭、永定、新汀、新泉、连城、长汀、宁化 7 县。1932 年，福建省苏维埃政府在长汀成立，使闽西苏区与赣南苏区连成一体，构建起中央苏区的主体区域，闽西苏区各县均属福建省苏维埃政府管辖。其间 1933 年，闽西苏区辖汀州 1 市和上杭、永定、武平、代英、新泉、连城、长汀、汀东、兆征、宁化、泉上、彭湃、清流、归化等 14 县。1935 年 4 月福建省苏维埃政府、闽西苏区全部解体。

福州解放后，1949 年 9 月 10 日，福建省人民政府"秘总字第一号"通令全省划为八个行政督察专员区，闽西为第八专区，公署拟设于长汀，后改驻龙岩，辖龙岩、长汀、永定、上杭、武平、漳平、连城等七县。1950 年，第八专区改称龙岩专区。1956 年，永安、宁化、清流、宁洋四县划归龙岩专区。同年，宁洋县建制撤销，辖区划归漳平县、龙岩县管辖。1962 年，永安、宁化、清流三县划归新置的三明专区管辖，龙岩专区仍辖县七个。1970 年，龙岩专区改称龙岩地区，辖区不变并延续到今日龙岩市。1981 年，龙岩县改为县级龙岩市。1990 年，漳平县改为县级漳平市。1997 年 5 月 1 日，龙岩地区改为地级龙岩市，原县级龙岩市改为新罗区。2015 年 2

月9日，永定县撤县设区，正式成立永定区。

青山依旧在，几度夕阳红。在漫长的农业文明（农耕航运）时代，"治民贡赋"是中国行政区划的政治法则，而"山川形便"则是其更直观便利的自然法则，山脉分聚、河流走向，外化为流域限定，它是决定旧时龙岩、汀州分属不同州府的根本原因。而在当代，交通方式的根本改变对自然因素的突破超越，行政力量对行政区域的修正调整，特别是1929~1949年闽西人民追随中国共产党人在闽西的革命实践，是促成旧时龙岩州、汀州府突破传统辖区，走向深度融合，形成今日龙岩市的强大历史逻辑。

今日龙岩市新罗区（郑秋生 摄）

二 灵秀龙岩

1 客家祖地长汀

长汀县，地处闽赣边陲要冲的福建西部山区，武夷山南麓，南与广东近邻，西与江西接壤。是福建新石器文化发祥地之一。西晋太康三年（282）始置新罗县，唐开元二十四年（736）建汀州，自盛唐至清末，均为州、郡、路、府治所。长汀堪称客家祖地。

长汀融人文景观与自然景观于一体，与湖南凤凰古城一起被国际友人路易·艾黎誉为"中国两个最美丽的小城"。它保存有诸多文物古迹和体现客家文化的古城，是原中央苏区的核心区之一和中国共产党的重要历史纪念地、"国家级历史文化名城"。

唐代城墙

唐大历四年（769），汀州刺史陈剑将州治从东坊口大丘头（距城关约 5 里）迁移至今址，于卧龙山之阳筑土城。宋

汀州城墙（钟德彪 摄）

治平三年（1066），郡守刘均扩城，城墙周长 5 里余，基宽 3 丈，高 1.8 丈，城壕深 1.5 丈，辟济川、秋成、颁条、鄞江、通远、兴贤等城门六处。明洪武四年（1371）重修。明弘治十一年（1498），建"广储门"和"丽春门"两门楼。明崇祯九年（1636）重修，将城墙增高加厚，并筑宝珠门和惠吉门。至 1924 年，城墙大部分被拆毁。现存城墙自朝天门至惠吉门近河一带，长 1125 米，还有城门楼 3 座。城门楼皆为明清时期砖木结构，气势雄伟。1996 年，福建省人民政府公布其为第四批省级文物保护单位。

卧龙山

卧龙山的"龙山白云"为汀州八景之首。史载卧龙山辟于唐代，宋时在山巅建更楼，曰北极楼。明崇祯间，郡守唐世涵重建北极楼，又名玄武楼。清康熙、道光年间皆有修葺。今楼内尚存《重建北极楼碑记》和"雄镇闽西"四字大匾额。据民国版《长汀县志》载:"四面平田,一山突起,不与群峰相属。如龙盘屈而卧,中分九支,故名卧龙,又名九龙。"

云骧阁

云骧阁在长汀县城东乌石山,"云骧晓月"为汀州八景之一。云骧阁始建于唐大历年间,是一座方形的两层楼阁,飞檐凌空,翘角卷云,雄伟壮观。楼上是一厅二间,四面为走马楼沿。底层大殿朝东,殿的屏风后有门,朝西,横额书"云骧阁"三个大字,苍劲有力。门两旁有奇石数片,磊落雕镂,玲珑剔透。门左有一石高丈余,不附于土,传说它是风雨吹送来的,故称"飞来石"。1929 年 3 月,赣南闽西第一个县级红色政权——长汀县革命委员会在云骧阁成立。

云骧阁(钟德彪 摄)

汀州试院

汀州试院始建于宋代，庭院式结构，占地面积 11370 平方米，建筑古朴，环境清雅，规模宏大，气势恢宏。该址宋代为汀州禁军署地，元代为汀州卫署址。明、清两代辟为试院，是汀属八县八邑科举应试秀才的场所。在大堂前的坪院东侧，有两棵植于唐代的柏树，郁郁葱葱、枝繁叶茂，俗称唐双柏，是汀州古城的历史见证。清代大学者、《四库全书》总纂官纪晓岚来汀州督考时住在试院。一天晚上，明月当空，他在古柏下散步时忽见树梢上有两个红衣人向他作揖。次日早起，他写了一副对联贴于树旁的双忠庙前："参天黛色常如此，点首朱衣或是君。"纪晓岚这里所说的"朱衣人"，指的是明末唐王隆武帝朱聿键遭清兵追杀逃至汀州，朱聿键的两员大将不愿被俘，自缢于双柏树下。后人为纪念这两员大将，在树旁建有"双忠庙"祭祀。

1932 年 3 月 18 日福建省第一次工农兵代表大会在汀州试院内召开，成立了福建省苏维埃政府，汀州试院是福建省苏维埃政府旧址。

三元阁

三元阁，原是唐代古城门，始建于唐大历年间，为汀州刺史陈剑迁州筑城时的南大门，原名"鄞江门"。明崇祯年间加以扩修，始名三元阁即状元、会元、解元聚于一身。其阁正对汀州试院，阁内塑有魁星，象征文风昌盛，现已成为古汀州城的标志性建筑之一。

双阴塔

双阴塔，由八卦龙泉和府学阴塔组成。塔，一般是矗立在地上的称之为阳塔，而倒立在地下呈井状的塔形则称之为阴塔。八卦龙泉位于开元寺内，约建于唐开元年间（713～741），此塔井形结构，上宽下窄，开口处宽1.72米，全部用大条石板垒砌成八卦形，自上往下，层叠有致，逐级收分，像一座八角空心石塔，倒插入水中，井深16米，井水与汀江龙潭水相通，俯视塔内，清澈如镜，令人叹为观止。

另一座阴塔位于宋代府学所内，又叫"府学阴塔"。始建于宋咸平二年（999）。塔身上窄下宽，呈圆锥形，用一层层青砖垒砌而成。井口直径1米，井深13.5米，井旁尚存"府学阴塔"古石碑一块，刻有"清嘉庆庚午四月八邑公立"字样。这两座阴塔相距百余米，故合称为"双阴塔"，祈望汀州八县文脉通畅繁盛。

店头街

店头街位于长汀县人口最集中的南门街和五通街之间，全长近千米。店头街街面宽4米，由两列整齐相对的清末民初木构民居门店建筑组成。店头街的悠久历史，最早可追溯到唐代。唐代，长汀旧城南门外有小规模的零星物品交换，北宋时在此设店头市。随着南宋汀江航运的开通，汀江成为闽粤赣边的经济大动脉。从大街直插五通门码头的店头市更是近水楼台先得月，市场日益繁荣，逐步发展成街市。明代，汀江航运成为"海上丝绸之路"的重要组成部分，往来的木船有"上河三千，下河八百"之说，本地生产的雕版印刷品、玉扣纸、竹木、烟叶、土茶、皮枕、纸伞等物资，由汀江水运到广东潮州、汕头及东南亚各地市场，又从外地运回海盐、洋油、海味、药材、布匹等紧缺物资。在第二次国内革命战争时期，长汀是中央苏区的经济和文化中心。一大批红色企业、金融机构、合作社、供销社、商铺相继成立，有力地促进了苏区市场的繁荣和发展，为长汀赢得了"红色小上海"的美誉。2011 年 6 月 11 日，店头街入选文化部、国家文物局组织评选的第三届"中国历史文化名街"并列首位，国家文物局局长单霁翔亲临长汀颁发铭牌。

汀州天后宫

汀州天后宫位于长汀县城东大街朝天门外，由山门、朗门、戏台、钟鼓楼、水阁楼、前殿、正殿、后殿及圣母间组成。占地面积约 1 万平方米。始建于南宋绍定年间，原名"三圣纪宫"，据宋《临汀志》载："三圣纪宫在长汀县南富文坊，及潮州祖庙（天妃庙）。……今州县吏运盐纲必祝祷焉。"是汀州八邑敬奉妈祖的场所。清康熙二十三年（1684）妈祖被晋封为"护国庇民妙灵昭应弘仁普济天后"，汀州的"天妃宫"随之改为"天后宫"，现供奉的这尊神像已有近 400 年历史。随着客家人渡海下南洋、去台湾，均到汀州的"天后宫"请神像，逐渐形成了除"湄州妈祖"之外的另一"汀州妈祖"的支脉，在海内外影响巨大。1997 年，台湾台中龙天宫组织妈祖信众来到长汀，恭迎"汀州妈祖"分灵渡台供奉，并尊汀州天后宫为祖庙。汀州妈祖架起了海峡两岸的友好桥梁。

2 书画之乡上杭

上杭县位于福建省西南部，地处汀江中游。北宋淳化五年

（994）建县，是全国著名的革命老区和原中央苏区的核心区之一。是闽西客家提线木偶的发源地，著名的书画之乡、山歌之乡、建筑之乡。有闻名国内外的"古田会议会址"、"毛泽东才溪乡调查旧址"、国家级森林和野生动物资源自然保护区梅花山，有明代著名的思想家、军事家、文学家王阳明手书的《时雨记》碑刻、清代仿宋重修的孔庙、清代著名宗祠建筑"李氏大宗祠"等古迹。

李氏大宗祠

李氏大宗祠（钟德彪 摄）

位于上杭县稔田镇官田村的李氏大宗祠，建于清道光十六年（1836）。该祠不仅因缅怀南宋入闽始祖李火德公而名扬四海，而且还因建筑技艺的精巧而受到世人赞叹。门前对联"丞相将军府，忠臣孝子门"大气磅礴。宗祠总面积5600余平方米，大小共计133间。正中大门用灰青条石建造，刻有皇封"恩荣"字样。宗祠的山水图形，宛若蜘蛛结网，寓意天下李氏后裔一脉宗亲。每年清明时节，旗幡猎猎，明烛高悬，香烟缭绕，世界各地火德公后裔数万人云集宗祠，为的就是传承血脉，启裕后昆。

万源祠——古田会议会址

上杭万源祠（钟德彪 摄）

万源祠，又名廖氏祠堂，位于上杭县古田镇，是著名的古田会议会址。万源祠建于清道光二十八年（1848），是一座一进二厅带左右厢房的院落式平房，砖木土墙结构，面积820多平方米。祠堂外大门是精美的青条石门框，上刻"万福攸同祥锦世彩，源原有本派衍义溪"的楹联，横批为"北郭风清"四字。1917年经全面整修，在这里开设了古田镇第一所新式学堂——和声小学（1929年改名曙光小学）。于是，廖氏族人又在外大门原楹联两边增写一副新联:"学术仿西欧开弟子新智识,文章宗北郭振先生旧家风。"

1929 年 12 月 28 ~ 29 日,毛泽东、朱德、陈毅在曙光小学主持召开了具有伟大历史意义的中共红四军第九次代表大会,"古田会议会址"从此名扬天下。

丘氏总祠

丘氏总祠与上杭县孔庙隔瓦子街相望,原是一幢建于明正德年间(1506 ~ 1521)的客家土楼,是曾任监察御史丘道隆的故宅"进士第"。清嘉庆二十年(1815),丘氏族人将它改建为"丘氏总祠"。总建筑面积 3093 平方米,分上、中、下三厅,前有进士牌坊,大厅左右及后面是由 100 多个房间组成的上下两层砖木结构围屋,是上杭乃至闽西至今保存较为完整的明代古建筑,每块砖都印有"丘祠"两字,其造型之宏大、结构之严谨、制作之精美、质量之坚固实为上杭古建筑之冠。清光绪三十一年(1905)丘逢甲致书上杭举人丘复(荷公)等丘氏族人,建议在丘氏总祠设师范传习所,培养新学师资。这是福建省第一所民办师范学校。

3 仙佛之乡武平

武平县位于闽、粤、赣三省交界处,武夷山脉的最南端。东邻福建省上杭县,西接江西省寻乌县、会昌县,南连广东省蕉岭县、平远县,北靠福建省长汀县,是闽西、粤东、赣南的交通枢纽和物资中转、集散地,素有闽西"金三角"之称。

武平县于北宋淳化五年（994）建县，是著名的革命老区之一。神奇的梁野山为国家级自然保护区。武平是"八仙"之一何仙姑的家乡和"客家人的保护神"——定光古佛的卓锡地，他们在这里留下许多美丽而神奇的传说；"中国空军之父"刘亚楼和文坛宿将林默涵为这片神奇的土地增添了光彩，中山镇是闻名遐迩的千年历史文明古镇，被誉为"方言孤岛"。

"百姓镇"

武平县中山镇，被称为"百姓镇"，户不盈千，人不逾万，历史上曾聚集了104个姓氏的族群和睦共居，且操客家、军家两种方言，形成客家大本营地区颇具特色的客家方言岛。原来，明朝以武功定天下，作为拱卫汀州府西南门户的武平，曾于明洪武二十四年（1391）设立武平千户所，隶属汀州卫，调来18位将军镇守雄关。清军入闽，英勇的当地军民为保卫中原文化，至死不降，于是清军血洗武平千户所，先后屠城三次。"所居房屋尽毁，郊外田塘俱荒，残民悉逃"。600余年后的今天，透过薄薄的书笺，我们似乎还能清晰地听到古镇迎恩门外那马蹄嘚嘚的声响，刀光剑影，鼓角相闻。

定光古佛与何仙姑

位于武平县岩前镇的南安岩、均庆院，正是历史上定光古佛的卓锡地。据《临汀志》载：定光古佛，俗姓郑，名自严，泉州府同安县人。11岁时出家，17岁时游历江西豫章、庐陵，拜高僧西峰圆净为师。北宋乾德二年（964），定光来到武平县南安岩，这时在此修行的何仙姑见定光为民除虎、蛟深受百姓欢迎，遂将南安岩让于定光结庵于此。后定光古佛被奉为

"客家人保护神"，随着客家人渡台，定光古佛信仰也被带到台湾。台湾现存定光古佛庙两座，一座是位于彰化县的定光佛庙，始建于清乾隆廿六年（1761），另一座是位于台北县淡水镇的鄞山寺，兴建于清道光三年（1823）。

武平定光佛圣火采集仪式（钟德彪 摄）

4 土楼之乡永定

永定区位于福建省西南部，建县始于明成化十四年（1478），西南与广东省梅州市大埔县接壤，东南与福建省漳州市平和县、南靖县相邻，是原中央苏区核心区之一，也是福建省八大侨乡和重点对台县、福建省重点旅游县和对外开放旅游经济区，有"中国烤烟之乡"的美称，是福建省著名的老区、侨区、矿区、烟区。

2014 年 12 月 13 日，经国务院批准，撤销永定县，设立龙岩市永定区。

永定区有 2 万多座土楼，其中的杰出代表"三群两楼"即洪坑土楼群、初溪土楼群、高北土楼群和衍香楼、振福楼，2001 年 5 月被国务院公布为全国重点文物保护单位，2008 年 7 月 7 日被联合国教科文组织评为"世界文化遗产"而誉满全球。

洪坑土楼群

洪坑土楼群位于永定区湖坑镇洪坑村，现存明代建造规模较大的土楼有峰盛楼、永源楼等 13 座，清代建造规模较大的土楼有振成楼、福裕楼、奎聚楼、阳临楼、中柱楼等 33 座。土楼造型主要有正方形、长方形、圆形、五凤楼、半月形及其变异形式。此外还有以生土建造的天后宫、日新学堂、林氏宗祠、关帝庙等。振成楼为该土楼群的杰出代表。

振成楼

建于 1912 年，前后花费五年时间，耗资 8 万银元建成，占地面积 5000 平方米，悬山顶抬梁式构架，分内外两圈，外圈 4 层，每层 48 间，按八卦形设计，每卦 6 间，一楼梯为一个单元。卦与卦之间筑防火墙，并以拱门相通。振成楼的祖堂是一个舞台，台前立有四根周长近 2 米、高近 7 米的大石柱，舞台两侧上下两层 30 个房间圈成一个内圈，二层廊道有精致的铸铁花格栏杆。大厅里门楣上有民国初年黎元洪大总统的题字。1986 年 4 月在美国洛杉矶举办的世界建筑模型展览会上，振成楼曾与北京雍和宫、长城并列展出，被称为"土楼王

振成楼

子"，引人瞩目，轰动一时。

初溪土楼群

初溪土楼群位于永定区下洋镇初溪村，被列入世界文化遗产的土楼有集庆楼、余庆楼、绳庆楼、华庆楼、庚庆楼、锡庆楼、福庆楼、共庆楼、藩庆楼、善庆楼等 10 座。集庆楼是初溪土楼群中的杰出代表。

集庆楼

由初溪村徐氏三世祖于明永乐十七年（1419）兴建，为永定现存圆楼中年代久远又结构特殊的一座，堪称初溪土楼群的代表。该楼从一楼到四楼每户各自安装楼梯，各层通道用木板隔开，72 道楼梯把全楼分割成 72 个独立的单元。房间、楼梯、隔墙全用杉木材料构建，全靠榫头衔接，不用一枚铁钉，

初溪土楼群（钟德彪 摄）

竟也穿越了近六个世纪的风霜雨雪，与厚达二米的生土墙一起
依然挺立。

高北土楼群

高北土楼群位于永定区高头乡高北村，被列入世界文化遗
产的土楼有承启楼、五云楼、世泽楼、侨福楼等4座。承启楼
是高北土楼群中的杰出代表。

承启楼

位于永定区高头乡高北村，直径73米，走廊周长229.34
米，外墙周长1915米，建筑占地面积5376.17平方米。全楼
为四圈共有400个房间，3个大门，2口水井。全楼住户高峰
时达80余户，700多人。相传该楼从明崇祯年间破土奠基，
至清康熙年间竣工，历世3代人，81年才终于建成。其门联：
"承前祖德勤和俭，启后子孙读与耕"；大堂联："一本所生，亲疏无多，何须待分你我；共楼居住，出入相见，最宜注重人伦。"传之久远。承启楼以它高大、厚重、粗犷、雄伟的建筑风格和庭院端庄洒脱的造型艺术，融入如诗的山乡神韵之中，被称为"圆楼之王"。有民谣称"高四层，楼四圈，上上下下四百间；圆中圆，圈套圈，历经沧桑四百年"。1986 年邮电部发行了一套"中国民居"邮票，其中福建民居就是这座闻名遐迩的承启楼。

5 书香馥郁连城

连城于宋绍兴三年（1133）置县，是原中央苏区核心区和闽西客家人主要聚居区之一。这里的客家文化积淀深厚，保存良好。每逢春节、元宵期间，"姑田游大龙""罗坊走古事""新泉烧炮""犁春牛""北团游大粽""芷溪花灯"及舞龙、舞狮等民俗文化活动云集城乡，被誉为中原古文化的活化石，客家民俗文化的瑰宝。连城县山清水秀，旅游资源丰富，自然景观有冠豸山、石门湖、竹安寨、旗石寨、九龙湖等五大景区，人文景观有"中国十大最美古村落"培田村、中国古雕版印刷基地四堡乡、"中国红心地瓜干之乡"、"中国连城白鸭之乡"、"全国武术之乡"、"中国客家美食名城"、"全国双拥模范县"、"中国兰花基地"等。

客家庄园培田村

位于宣和乡河源溪上游的吴家坊，培田人传承客家"孝悌为本，耕读传家"的传统，形成耕、读、商并举的客家村

连城培田村（钟德彪 摄）

落。共有6座学堂、2座书院、3座庵、2座庙、2座牌坊和20
座古祠、30余幢民居，以及1条千米古街、5条巷道和2条贯
穿全村的水圳。建筑群面积达7.9万平方米。以官厅、继进堂
为代表的"九厅十八井"建筑，设计构思秉承"先后有序、
主次有别"的传统观念。宅内的建筑装饰集中了各种工艺手

法，梁托窗雕鎏金，屏曲、梁扇镂空浮雕，有的图形纹样多达9个层次，巧夺天工。培田古民居不仅建造精巧，有很高的艺术价值，而且保存了大量楹联、牌匾，其中不乏名人佳作，如清代大学士纪晓岚为培田书院题匾"渤水蜚英"，明代兵部尚书裴应章赠联"距汀城郭虽百里，入孔门墙第一家"，都具有很高的历史文化价值。全村如同一个辉煌的客家庄园，被誉为"中国的民间故宫"，被评为"中国最美乡村""中国十大最美古村落"而闻名天下。

四堡雕版印刷基地

连城四堡雕版印刷基地，"起源于宋，发展于明，鼎盛于清"，并以出版当时的禁书《金瓶梅》，《三国演义》和《水浒传》合刊本，全国明志《宁化县志》和《西厢记》闻名于世，成为与北京、汉口、浒湾等齐名的全国四大雕版印刷基地。据有关资料记载，当时四堡"印枋栉比，刻凿横飞，从事印书业的男女不下一二千人，约占总人口数的60%"。鼎盛时期，分布在雾阁和马屋二村世代相传的大书坊有100余家，而充作书坊的房屋达300余间。其销售网络主要以长江以南各省为主，其行销地域以广东、广西、江西、浙江、福建、湖南等地为多，最南到达海南岛、台湾、东南亚各国，最北可抵山东曲阜，成为"垄断江南，发版半天下"的奇观。

冠豸山上书香浓

客家人崇文重教，在被誉为"客家神山"的冠豸山上举办了众多书院，据史料记载鼎盛时全山书院多达27家，

四堡雕版印刷基地（钟德彪 摄）

比较著名的有丘氏书院、东山草堂、修竹书院、豸山书院等。

    丘氏书院 也叫二丘书院，是连城丘（邱）氏族人南宋末期为纪念丘鳞、丘方二公而建的书院。丘鳞、丘方叔侄二人先后于嘉定十六年（1223）、宝庆元年（1226）考中进士，名扬天下。因理宗王朝奸臣当道，他们刚正不阿，不与奸佞为伍，辞官回乡，上冠豸山设堂讲学，培养人才，造福乡梓。至今有"恩荣""进士联芳""叔侄乡贤"的牌楼幸存，书院后石壁上镌刻的"丘氏书院"四字依旧。

东山草堂 坐落在连城冠豸山灵芝峰下的一线天入口处，为连城谢氏家族子弟修学育才之所。始筑者谢浚，富于学，无意于功名，筑东山草堂以读书，人称其"东山先生"。东山草堂为三进院落式平房，大门横额石刻"东山草堂"，为摹宋朱熹帖书。最为醒目的是正厅内悬挂的清代礼部尚书、《四库全书》总纂官纪晓岚手书的"追步东山"和清道光年间官至一品、两次受命担任钦差大臣的林则徐于甲申年（1824）游览冠豸山时的手书"江左风流"题匾。

6 "三乡风采"漳平

漳平市地处闽西东大门，九龙江上游，于明成化七年（1471）置县，1990年撤漳平县改漳平市（县级）。1996年11月成为省直辖市，由龙岩市代管。在漳平永福镇设立的国家级台湾农民创业园，成为台湾同胞回大陆创业的重要基地。漳平是与郑和"七下西洋"时同为正使的著名航海家王景弘故里。漳平市因盛产杜鹃花、水仙茶和农民画，被授予"中国花木之乡""中国杜鹃花之乡""中国现代民间绘画之乡""中国水仙茶之乡"称号，被誉为"花乡、茶乡、画乡"。

花乡永福

永福镇地处博平岭盆地，是全国著名花乡，其花卉栽培技艺已有 700 多年的历史。早在南宋时期，著名"花乡"永福所种植的花卉就名扬江南。20 世纪 80 年代中期，永福的茶花、兰花、瑞香等名贵花卉远销韩国、日本和东南亚国家和地区。1985 年漳平被福建省政府列为重点栽培茶花、瑞香的花卉生产基地，并成为全国十大花卉生产基地之一。近年来漳平市花卉产业得到较快发展，形成了以西洋杜鹃为主，兰花、茶花、苏铁、瑞香等为辅的花卉生产格局。其花卉远销全国 23 个省市和港、澳特区及东南亚等地。1984 年春节陆定一同志为永福题词"永福花乡"。1999 年 9 月 18 日成功举办"中国漳平首届花卉节"。2000 年 6 月漳平市和永福镇分别被国家林业局和中国花卉协会授予"中国花木之乡""中国杜鹃花之乡"的荣誉称号。

茶乡南洋

南洋镇气候温暖、雨量充沛，山间云雾缭绕，非常适宜茶树的栽培。唐朝中期以来，勤劳聪明的南洋茶农试种筛选培育出了"漳平水仙茶"。近年来漳平水仙茶多次获得国家、福建省各类金奖、银奖，享誉国内外，形成了具有茶乡特色的漳平水仙茶饼。南洋现有水仙茶 10000 余亩，春秋两季产茶上千吨，上品好茶畅销厦门、广州、香港以及日本、新加坡等地。

画乡新桥

新桥镇民间绘画之风由来已久，百年来一直保留着农民书画、民间工艺制作的传统。改革开放后，群众文化生活和农民书画创作活动更加活跃，开创了民间绘画的一代新风。1989
年元月，新桥镇被文化部命名为"中国现代民间绘画之乡"。
近年来有100余幅农民书画作品在省级和全国性大赛中获奖，
其中30余幅被国家选送国外展出并被收藏，200余幅在各类
报刊上发表。众多农民画画家从此走向市场并受到欢迎，新桥
画乡之名传之久远。

王景弘故里

世界著名航海家王景弘的故里位于漳平市赤水镇香寮村的
天台山中，王景弘在此出生长大并入选进宫为太监，深受明成
祖朱棣的器重。明永乐年间，他与郑和共同被任命为下西洋正
使，先后七次与郑和组织下西洋。这一世界航海史上的壮举，
开辟了"海上丝绸之路"，促进了中国与亚非沿岸各国经济、
文化、科技交流往来。由于人口迁移，如今村里只留下历史遗
迹和王景弘史迹陈列馆，供后人参观。

宁洋县城遗址

宁洋县城建于明隆庆元年（1567），隶漳州府，1956年撤
销，存史389年，县城遗址在今漳平市双洋镇，至今仍保存较
多的文物古迹，如孔庙、关帝庙、祝圣庙、廊桥、古民居等建
筑，尤其是在城南等处分别建有"太平桥""青云桥""登瀛
桥""化龙桥"。保存有几十处古民居，最著名的有成德堂、
景德堂、聚德堂等。在麟山上耸立的"麟山塔"，始建于明万
历三十年（1602），是闽西保存最完整的明代古建筑。明代大
旅行家徐霞客曾两度游览宁洋溪，留下了"程愈迫，则流愈
急"的名句。

漳平麟山塔

7 中心城市龙岩

　　龙岩中心城市设在龙岩市新罗区。晋太康三年（282）始设新罗县，龙岩为新罗县辖的苦草镇。唐开元二十四年（736）置汀州，复置新罗县。唐天宝元年（742）改名龙岩县。1981 年 9 月经国务院批准改龙岩县为县级龙岩市。1997年撤销龙岩地区设地级龙岩市，原县级龙岩市改为地级龙岩市的新罗区，是地级龙岩市的政治、经济、文化、交通中心。

　　新罗区是全国著名的革命老区，被誉为"二十年红旗不倒"，保存有毛泽东、朱德旧居，红四军司令部、政治部旧址，闽西四大暴动之一"后田暴动"陈列馆，邓子恢纪念馆，新四军二支队纪念馆等多处国家级、省级革命文物遗址,跨越宋元明清多个朝代的适中镇土楼群,国家级非物质文化遗产龙岩歌舞采茶灯,龙岩山歌戏、静板、适中盂兰盆盛会、龙岩洞、"华东第一洞"龙崆洞、"江山睡美人"等。

龙岩洞

龙岩洞位于龙岩市城东翠屏山麓,系天然石灰岩溶洞。有大小洞各一,大洞宽平如厅,可容百余人,洞顶石纹青、黄、白三色交织,宛若二龙,故名"龙岩洞"。明代龙岩名臣王源(1376~1455),曾作名篇《龙岩洞记》,使龙岩名垂千古。如今行走在龙岩大地,随处可见龙文化的标记:龙崆洞、龙津河、龙门、龙州、龙泉、龙潭、龙腾路、龙门塔等等,"龙"成为龙岩中心城市的象征符号。

龙崆洞

龙崆洞在龙岩雁石镇龙康村,系天然石洞。洞深约1500米,最宽处50米,最高处16米,洞内空气清新,景态各异,成为"华东第一溶洞。"

龙岩"三塔"

挺秀塔:又称水门塔,位于城关东门龙川、丰溪二流汇合处。明万历九年(1581),知县曹允儒因砥石砌塔,并亲题"挺秀塔"三字,后毁。明崇祯年间知县朱泰桢重建。塔七层,高约15米,塔基呈船形,东西宽约6米,南北长约25米,塔上还有历代文人墨客的碑刻。

龙门塔:始建于明万历十四年(1586),又名魁星塔,在龙岩城郊的龙门镇湖洋村龙门潭中,潭中有一巨石叫石谷柜,

龙崆洞（钟德彪 摄）

石上建六角三层空心砖木楼式塔，高 10 米。上有"文明塔"三字，相传为著名理学家朱熹任漳州知府时所题。

擎天塔：位于市区中山公园西侧。民国 16 年（1927）建，后多次维修，塔高 25 米，七层，六角形，空心砖木楼阁式，葫芦刹顶，第二层门顶正中有石刻阴文"擎天塔"。

此外龙岩还有闽西革命烈士陵园、中山公园、登高公园、莲花山公园，紫金山、笔架山（海拔 1025 米）、大宫山（海拔 1594 米）、莲台山（海拔 1500 米）、睡美人等自然和人文景观。

三 客家祖地

1 客从何来

"八王之乱""五胡乱华"：客从中原来的主要原因

西晋太熙元年（290），一生文韬武略、精明强悍的晋武帝司马炎，挑选了一个近似白痴的儿子司马衷继承皇位，史称晋惠帝。为了争夺这个最高统治权，司马家族的八个诸侯王先后发动了大规模的内战，史称"八王之乱"。战争前后延续了十六年（291～306），最终导致了西晋王朝的灭亡。

国家的内乱必然带来自身实力的削弱和外族的窥探：西晋永嘉五年（311），以匈奴、鲜卑、羯、氐、羌等游牧民族组成的骑兵队伍大举南下，历史上著名的"五胡乱华"从此开始，至后来的千余年间，游牧民族与农耕民族在中原大地上反复地相互征服，战争惨烈。

　　当时中原的农耕文明经过夏、商、周、春秋战国和秦、汉、魏、晋约2500年的发展，已经到了一个十分成熟的阶段。四季分明的气候特征，使中原汉人形成了春播、夏种、秋收、冬藏的四季轮序的生活节奏。以粟（稷）、豆（菽）、黍、麦、稻等谷物为主，以猪、鸡、鸭、鱼等蛋白质为辅的食物结构；以儒家中庸哲学思想为主要意识形态建构起来的中原汉族知识分子阶层，从小苦读四书五经，吟诗作赋，然后再逐级赶考博取功名、入仕做官，或者经商、耕读以成就人生，这样的儒家文化秩序逐渐养成了中原汉人勤劳、善良、坚韧的民族性格和崇尚温良恭俭让的民俗风尚。

　　而西北部的游牧民族，世代生活在风吹草低见牛羊的大高原，逐水草而居。一个在马背上成长起来的民族，长年累月居无定所，造成了其无土地归属感以及强大的攻击性。两者虽然相距遥远，隔着那个时代几乎是难以大规模逾越的黄河、长江。但在西晋末年这个历史节点上，时逢连续多年的大雪灾、大旱灾，造成了西北部高原上大批牛马羊群冻饿死亡，西北部游牧民族的食物链条发生了断裂，饥饿和渴望把本来极度松散的游牧民族聚集到了一起，由匈奴、鲜卑、羯、氐、羌等"五胡"组成的骑兵队伍从西北高原上倾泻而下，从此拉开了中国古代战争史上从未有过的大追击、大屠杀、大掠夺的序幕。

　　于是在内乱与外患互为因果的双重夹击之下，正如李白诗歌中所描述的："三川北虏乱如麻，四海南奔似永嘉。"大批中原汉人以今天的河南、山西、陕西、甘肃、河北等地为中心，联动了鄂、皖、湘、浙、赣、闽、粤、桂、川、琼、台等十几个省市的人群，卷入了前后多次，波及大半个中国、数千万人口，时间长达千年的中原汉人大迁徙的浪潮。

追求梦中的"桃花源"

躲过了长弯刀和乱马蹄的中原汉人"衣冠南渡"，一路"筚路蓝缕、以启山林"。他们一路走走停停、停停走走，也许开始就没打算走得太远，只想等烽烟稍稍远去，就重返故乡。所以他们先后依仁在湘楚和江淮大地上，辗转反复地回望着家乡，可是烽火不是越来越远，反而是隔了一些年又随着疾驰的马蹄声越来越近了：它们之中有"五胡"的马蹄声，有"安史之乱"的马蹄声，有黄巢造反的马蹄声，有金、元入主中原的马蹄声。

这长年累月的迁徙什么时候才能到头啊？哪里才是他们梦想的家园？陶渊明《桃花源记》中那种人们想象中的理想社会——在中国南方远离战乱的大山之中肯定有那么一处神秘的"桃花源"：那里"芳草鲜美，落英缤纷"，"土地平旷，屋舍俨然，有良田美池桑竹之属。阡陌交通，鸡犬相闻。其中往来种作，男女衣着，悉如外人；黄发垂髫，并怡然自乐"。这也许就是客家先民们的领袖率领着大批"衣冠士族"离开故土之后，能够反复动员和激励迁徙大军一路南行，永不停步地追逐梦想家园的动力之所在。

在迁徙途中，他们首先遭遇的是中原汉人进入南方山区最难过的第一关：水土不服。在当地人的帮助下，聪明的客家先民们把在中原老家热汤熏蒸发汗的方式与当地人生服中草药的方法相结合，用擂钵把茶叶、芝麻、炒黄豆、炒花生、大青叶、淮山叶、鱼腥草、艾叶、细叶金钱草、竹叶椒、肉桂等有一定治疗和发汗功能的草药掺和在一起——捣烂，擂成酱状茶泥之后再冲入滚烫的开水，当客人来时既当迎客茶又当驱"煞"的"药饮"或"药膳"。饮完擂茶，饮者顿觉微汗渐溢，已经附体的"瘴气"和"风煞"便随着茶汗渐渐排出，神清气爽，病愈如初。这就是客家风情中具有代表性的饮品"擂茶"的由来。

擂茶

可是原来已经倒下了的人又该怎么办呢？先人们临终前反复交代不能把自己的这把老骨头丢在这荒山野岭，孝子贤孙们于是在埋葬先人的墓地附近筑庐为舍守孝三年。然后再开棺取出先人的骨殖，洗净后装入预先烧制好的陶瓮内（此举客家人称之为"拣金"），然后背上装着祖宗骨殖的"金瓮"再加入不断赶来的迁徙队伍之中，这就是客家人"二次葬"习俗的由来。

迁徙的队伍终于跨过了洞庭湖、鄱阳湖，经江西的赣南、浙江的江山进入福建宁化的石壁村和福建浦城的仙霞关，先后到达人们口口相传的"梦中桃花源"所在地：当年宁化县的石壁村和汀江上游的政治、经济和文化中心——古汀州府封闭而又广阔的行政区域，这里山高林密，人口稀疏，是福建省最重要的三条大江汀江、九龙江和闽江的发源地，因山高皇帝远而"不知有汉，无论魏晋"。万里寻她而来的客家先民从此停下了脚步，在这里成长为中华汉民族支系的一棵参天大树。

2 客家祖地形成

"两山同构""两江各流"：客家文化和客家民系形成的地理环境

古汀州府行政区域从地理上正好处在南北走向的武夷山脉即将插入江西赣南平原前的肘拐部，并在龙岩、漳平一带与略呈东西走向的戴云山脉横切相交，两大山脉相互砥砺和切割形成了人力难以逾越的巨大山峦沟壑，造成了古汀州府行政区域在西、北方向上与北方中央政权地理上的隔断，而在闽中和闽东方向又与福建地方政权形成了地理上的隔断，随着汀江南流过粤入海，于是古汀州府行政区域便成了"梦中桃花源"的绝妙属地。

由于两大山脉在闽西相交，相互砥砺，造成了闽西区域内峰峦叠嶂、水系发达、森林密布，在大山的夹击之下形成了向东、南方向各自奔涌而去的两条大江：九龙江、汀江，从此成为中华汉民族两个重要民系——闽南民系、客家民系的母亲河。

水，孕育了生命，人类逐水而居，孕育了文明。这"两山同构"又"两江各流"的地理结构，不但从地缘上阻隔了北方中央政权和闽粤赣边地方政权的干扰和其他文化之间的相互侵蚀，又促使闽西客家文化与闽南文化、当地原有文化三者之间加速融合，为客家文化和客家民系的形成提供了极好的地理环境。

独特的人文环境

闽越遗族、畲族、瑶族的祖居地　据《汀州府志》《永乐大典》记载："唐开元二十一年（733）福州长史唐循忠于潮州北、虔州东、福州西检责得避役百姓三千余户，奏置州"。"唐开元二十四年（736）开福抚二州山洞置汀州"。这"二州山洞"就是指古福州与古抚州之间还未开发的蛮荒之地，这三千多户流民中既有古闽人、闽越人、南海国遗族和部分躲避灾祸的流民，还有更多的畲、瑶族群。他们在这里刀耕火种、繁衍生息，创造了历史悠久、神秘莫测的当地文化。

闽南民系族群的开拓地　公元前220年，秦始皇派出了由屠睢、赵佗率领的五十万大军远征岭南。来自中原五十多万军人组成的五路大军攻入了闽、粤，秦王朝的灭亡和岭南地方政权"南越国"的起起落落，五十多万将士和后来的上百万家

三元阁

属们先后在粤、闽沿海一带落籍为民。南越国的国王赵佗也成为后来被毛泽东戏称的"最早的南下干部"。他们一部分沿着海岸线北上，到达福建东南沿海一带；另一部分人则沿着海岸线南下，到达今天的海南、广西沿海一带繁衍生息，从此他们之中大部分人成为广府人和闽南人，部分到达福建东南沿海一带的便成为来自中原的第一批闽南民系族群的先民。

"河洛人（音：郎）"名称的由来　第二批到达福建东南沿海的闽南族群则是在西晋"八王之乱"后，"中原板荡，黎庶走南疆"逃出来的中原汉人，他们经湘、楚大地之后并未停留太久，便与后来成为客家族群的那部分中原汉人分开了，他们先是到达今天的江、浙、淮一带，并分水、陆两条线先后到达今天的泉州一带繁衍生息，为了让后人记住自己来自晋朝和遥远的故乡河南洛阳的中原一带，他们便把当时还是无名的那两条江河分别命名为"晋江"和"洛阳江"，而洛阳江上的那座大石桥便被命名为"洛阳桥"。第二批来自中原的汉人与秦、汉年间先期抵达的秦始皇五十万遗兵、上百万遗属的后代合流，后来被俗称为"河洛人"。

第三批从中原来到福建省东南沿海的中原汉人代表为唐朝末年的陈政、陈元光父子和"五代十国""闽国"的开基者王潮、王审知兄弟，当初他们奉唐朝中央政府之命率兵入闽时就先后分别从河南光州固始的老家各带了三千六百多人和五千多人的子弟兵随同前往。后来为了加强对属地的控制和管理，他们又从河南光州固始的老家调兵遣将。如先后于唐朝末年被任命为"岭南行军总管"和漳州刺史的陈政、陈元光父子，后来因为需要武力征服的范围从今天的漳州市行政区域扩大到沿九龙江溯流而上的漳平、宁洋、龙岩一带，于是他们又从河南光州固始老家由其母亲和兄弟再带领五十八姓将校及子弟兵一千八百余人入闽增援。陈元光的部队与祖居在闽西大山中的畲、瑶族人为了争夺区域控制权和自己族群的生存空间，发生了长达数十年惨烈的征服战争。由于陈元光子孙在漳州地区连续五代世袭刺史爵位，家乡族人源源不断来投，加之所属官兵及其家属大都先后落籍九龙江两岸，于是他们便成为融入闽南民系中的第三批来自中原的汉人，后来为了从地域和语系上进行科学划分，河洛人被统称为闽南民系。

"龙岩"地名的由来 陈元光的军队先后到来，与先期抵达广东、福建沿海一带的中原汉人后裔逐渐融合，终于形成了中华汉民族八大民系中的闽南民系这一重要族群。由于陈元光

子孙陈珦、陈酆、陈谟等连续五代世袭漳州刺史，并被奉为
"开漳圣王"，他们的军队从九龙江下游逆流而上朝漳平、宁
洋、龙岩一带开疆拓土，如同当年黄帝征服、统一中原一样，
为了彰显自己是代表中央政权的意志，弘扬来自中原文化的主
流文明，教化尚未开化的"蛮夷"部族，于是他们便把最能
代表和彰显中原大汉文化和征服意志的"龙"图腾带进了九
龙江流域的闽西南一带，并在征服之后再——以"龙"为名
重新命名当地主要的山川河流和溶洞等。于是便有了后来九龙
江流域龙溪、龙江、九龙江、龙津河、龙山、龙骨山、龙崆
洞、龙岩洞、龙门塔、龙岩县、龙岩州、龙湖、龙潭等一系列
有关"龙"的地名，成为中国龙文化的南方策源地。因为陈
元光的部队后来就地屯垦为民，所以闽南文化属性中便带有军
事移民的攻击性和排他性的意蕴。

作为矛盾双方的"主与客"的关系，强势的闽南文化对
客家文化在闽西的形成具有不可或缺的意义。多元文化从相互
对峙到相互融合，多元经济从相互竞争到相互融通，多元族群
从相互争斗到通婚相融，为客家文化和客家民系的形成创造了
独特的人文环境。

独特的文化孕育

语言的统一：形成了独特的"客家话"　初来乍到，客
家先民遇到的第一个难题就是语言不通，与闽西大山中的各个
族群很难交流。最初的语言统一，大概是先从汀江边上洗衣浣
纱的妇人嘴上开始的。那是一个妇女们之间情感最为放松、音
韵最贴近、人身最自由，也是语言最为放肆的信息交流场所。

一切新鲜、新奇的语言信息在她们的嘴边迅速地被复制、被学舌、被传播……

一种以书写记载的中原汉字音韵为根基、以此时汀江两岸客家先民主流母语为基础，并包容其他族群和少数民族个别语言特点的民系语言——"客家话"，就在汀江流域不知不觉诞生了。当相对统一的语言"客家话"最终形成并成为客家族群的标志——就是不论你走到天涯海角，你随身携带的万贯家财都可能花掉或损失，而唯一可以随身带走的就是你自己已经形成的思想和语言，才有了"宁卖祖宗田、不忘祖宗言"的客家祖训，可见"客家话"对于"客家"这样一个长期颠沛流离、不断找寻梦中桃花源的族群来说，是其文化象征，具有标志性的意义。

价值观的统一：形成了吃苦耐劳、勇于开拓、溯本思源、崇文重教、耕读传家、慎终追远和崇正、硬颈的精神

相对统一的价值观和文化理想是维系一个民族或者一个民系团结一心、合力共谋事业的精神基础。在两宋至元、明客家民系形成和壮大的时期，"程朱理学"的奠基人周敦颐、程颢、程颐均肇端丁与闽西相邻的江西赣南（虔州），后来集理学大成者的朱熹则为"二程"的弟子。在那个年代赣南与闽西几乎没有什么太大的区别，一个在山这边，一个在山那边。比如朱熹给龙岩龙门塔的题字——"文明塔"等等。理学大师及他们的弟子在赣南、闽西各地讲学，众多的儒生接踵而来，各地纷纷仿效，于是学馆、私塾、书院遍布乡野。

　　仅当年的长汀县宣和乡培田村，一个有着八百年历史的客家古村落就以有三家书院为荣，而著名的客家神山——连城冠豸山上最为辉煌的时期则掩映着二十七座书院，因拥有闽粤赣边各界学子数千人而名扬四海。汀州府则在最有权威象征意义的州府衙门边上建起了闽西最为辉煌的孔庙，并随后办起了更为优秀的府学。各县学而效之，一时间儒学兴盛，加之全国科举勃兴，县试、府试、院试、乡试、会试、殿试人才辈出，秀才、举人、进士、状元的石牌坊和石龙旗高高矗立在客家各姓氏的祠堂前，它昭示着客家人的价值观和精神取向。中原主流文明的传承和"程朱理学"博大精深思想的影响，逐渐锻铸了客家人精神思想的内核，比如朴实无华、务实避虚的精神，耕读传家、慎终追远的禀赋，崇文重教、光宗耀祖的思想，不断创新、永不满足的追求，使客家人养成了坚忍卓绝、刻苦耐劳、冒险犯难、团结奋进的特性，崇正忠义、反抗压迫、义不帝秦、同仇敌忾的硬颈精神，爱国爱乡、讲礼节、重伦理、好学问、尚教育、敦亲族、敬祖先、隆师道的习俗等，受到其他族群的欢迎。

　　山歌谣谚的统一　承载思想是需要翅膀的。畲、瑶等少数民族长年居住在大山上，青年男女相识沟通比较困难，于是就有了山歌这一通过飞翔的语言来表达情感的方式。客家先民来了，便把在中原民间田野十分流行的"竹枝词"与"山歌"进行了融合，这一下"田歌"与"山歌"这两种中国南北方最通俗的文艺形式在闽西、赣南、粤东的山峦之间欣然相遇——"新山歌"形成了！"新山歌"在形式上还是承袭了百越或闽越族人创造的"山歌"形式，但在内容和表现手法上却进行了重大的变革和创新。比如中国诗歌创作上的"赋、比、兴"手法在这里找到了最自由、最能展示出自己艺术魅力的舞台：青山绿水之间如同一个能够产生巨大共鸣的音箱，红花绿树的上下翻飞构成了自然的和声，大山粗犷的体魄与山风水韵构成了和谐的混响、青春的旋律、心灵的调侃、智慧的游戏、人生沧桑的感叹和生命际遇的禅悟，尽在新山歌中飞扬起来。

"客家山歌"高亢、激越，物中寓意，景中寄情，大量运用了直叙、对比、反复、烘托、反衬、双关、谐音、夸张以及"赋、比、兴"的手法，使得其具有独特的意境、鲜明的形象、奇异的比喻，常常让欣赏者拍案叫绝。比如：

> 城头更鼓打五更，
> 听到更鼓心就惊。
> 闰年闰月都有闰，
> 样般无人闰五更？

整首情歌没有出现一个"情"字，却通过一个"闰"字的重复使用，使"闰"字的内涵出人意料地跳跃到一个更为奇妙的层次。新奇的意境环坏相扣，似乎山穷水尽之时，山歌的笔锋突然一转，十分妥帖的"赋、比、兴"瞬间倾巢而出——一对正在热恋中的青年男女之间那种缠绵悱恻的形象跃然纸上。又如：

画眉眼来蜂子腰，

相貌敢好声又娇。

老妹姻缘挨有份，

玉石来造水东桥。

山歌爱唱情爱交，

真心恋妹唔要桥。

竹叶当船你爱过？

送妹金簪做桨摇……

整首情歌简直就是一册白描的男女爱情的连环画，一幅幅栩栩如生的画面，让人回味无穷。还有大量使用谐音、谐意、双关等艺术手法，加上客家话的俗语，其中的奥妙和情趣更是妙不可言。另外，"客家山歌"还有可以充分展示歌手才华和智慧的"猜问歌""虚玄歌""叠字歌""逗歌"等。

在相当长的岁月里，山歌成了闽粤赣边客家人用以表达思想、交流感情、展示智慧，以及教化和男女恋爱最普遍的艺术形式之一。

舞台艺术的统一

闽西木偶戏　是闽西三大剧种中最早进入闽西的剧种。形成的历史略晚于客家人迁徙的步伐。在那与游牧民族的高头大马争速度的艰难迁徙岁月里，逃命成了第一需要，所以一切身外之物都成了奢侈品。当迁徙的脚步终于停下来，能够安身立命的时候，便怀念起家乡的一切，当然就包括家乡的文化艺术。不知是哪一天，在闽西上杭白砂樟坑村，一群来自乡邻颇有艺术天赋的后生们谈起从故乡到汀州上杭万里迁徙征途上所见所闻的各种艺术念想之后，便热血沸腾地萌生了要去邀请已经在中原及江、浙、赣一带流行的木偶戏班来汀州客家人居住区演出的愿望。大家的相互鼓励和相互理解终于促使他们成行了。只是在从哪里引进木偶戏上产生了严重的分歧，为了能够保证引进成功，最后不得不兵分两路：一路顺汀江而下再沿海岸线北上到"海盐腔"的故乡浙江杭州去引进；一路则走闽赣驿道，前往"弋阳腔"的故乡江西去引进。

闽西木偶戏

西天的晨星目睹了这一具有开创性的浙江和江西之旅。他们不知道，此行一走便掀开了闽西艺术史上全新的一页。五六百年之后，当闽西的戏剧工作者在探索"闽西木偶戏"之源并终于明晰之后，便有许多人感到纳闷——他们当初为何选择了浙江杭州和江西，而没有选择其他地方？其实透过历史的迷雾，我们终于明白：因为当年康王赵构的渡江南下，中国的政治、经济和文化中心南移到了浙江杭州，前往杭州这个文化中心引进木偶戏那是再正常不过了。何况浙江的海盐和江西的弋阳本身就是影响中国戏曲几百年的"海盐腔""弋阳腔"的诞生地。经过一两年认真的拜师学艺，两路人马终于先后学成归来，回到上杭在当地办起了闽西第一个木偶戏职业剧团，并开始了正式的营业性演出，现有"闽西木偶戏"早期剧本的开场诗为证：

> 香烟缈缈透云霄，
> 拜请杭州铁板桥。
> 铁板桥头请师傅，
> 腾云驾雾降云霄。

从浙江杭州学成回来的称"白砂派"，亦称"上坊派"，从江西学成归来的称"黄潭派"，亦称"下坊派"，据说"白砂派"较注重提线技巧，"黄潭派"则擅长音乐和唱腔。随着艺术传播流行区域不断扩大，"闽西木偶戏"由上杭白砂扩展到闽西各县城乡，而后再蔓延到闽南、广东，以至江西修水、湖南平江、海南及台湾桃园等地，成了中国南方木偶戏开始流行的一个重要策源地。但它们离开龙岩地域之后便不再以"闽西木偶戏"命名。近年来"闽西木偶戏"被评为第一批省级非物质文化遗产，成为一颗闪烁在龙岩城乡的璀璨明珠。

闽西汉剧　根据闽西戏剧史专家的考证，"闽西汉剧"的母体其实主要来自湖南的"祁剧"（楚南戏）。当客家先民们从家乡匆忙出逃，与"五胡"和乱兵的马蹄、快刀赛跑，终于到达闽粤赣边古汀州府区域繁衍生息，丰衣足食之后，渴望亲近家乡文化艺术的愿望又愈加强烈。而离此地相对最近又最接近中原主流文明，甚至连演出的韵白都是念中原老家"中州韵"的湖南"楚南戏"，便从人们的记忆中出现了。于是在1730 年，他们引进了一个名叫"新喜堂"的"祁剧"戏班来到闽西一带巡回演出，其中就到了宁化县坊田乡刚刚落成的池氏祠堂演出，并留下了"乾隆丙辰年'寒食节'湖南新喜堂班到此开台大吉"的题记。该题记在历经几百年的风风雨雨之后至今仍然依稀可辨。好听的乡音、好看的故事、好美的扮相……因为喜欢，这个"新喜堂"的戏码就下不来，也就回不去了。于是就有了第二个、第三个戏班子从湖南、江西一带过来，然后再在闽西慢慢地招生、传艺、"开科取士"，以至唐、宋、元以来逐渐形成的中国戏曲艺术得以传承到了闽西。该剧种在艺术上渐渐地融入了一些闽西上著文明、闽南文化和客家文化的基因后，便迎风临水、风姿绰约地长成了一个美轮美奂的客家大姑娘了。

因为她是外来的，是在另一条江河流域中形成的戏曲艺术，所以闽西人开头称呼她"外江戏"，或因为扮演小生的演员都是采用小（假）嗓演唱高腔便称之为"小腔戏"。有的人为了区分她与主流戏曲艺术的差别——因为她在主流文化之外融入了大

闽西汉剧《佘太君抗婚》

量的山野之风，更是称其为"乱弹"。此名虽不雅，但却包容了极大的信息量，至今让人品味再三。然后这个被称为"外江戏"或"乱弹"的戏曲艺术又沿着汀江两岸客家人居住区逐渐往汀江下游发展，到了今天的广东梅州、河源、兴宁、蕉岭、大埔一带。为了区分这个虽然主体来自湖南，身上也流淌着湖南、湖北、江西等地方剧种的部分血液，实质上仍然是中原汉族主流文明传承，并且继续为中原汉民族移民为主的客家人居住区人民服务的剧种，在20世纪三四十年代"客家学"研究兴起时，便有广东梅州学者在报刊上提议将来自中原汉族文化圈的"外江戏""乱弹"的称呼按广东和福建闽西行政区域的划分，各自命名为"广东汉剧"和"闽西汉剧"。久而久之，"闽西汉剧"这一称呼便在龙岩区域内约定俗成了。

在相当长的农耕文明时期，"闽西汉剧"及其表演成了客家人普及历史知识、宣传道德教化、寄托美好爱情的载体，成了集戏曲表演、戏曲文学、戏曲音乐、舞台美术、器乐演奏、服装、化妆等综合舞台艺术于一体的客家文化艺术的典型代表，被评为第一批国家级非物质文化遗产。

宗教信仰的统一　在客家先民先后到达闽粤赣边一带繁衍生息之后便发现，全新的生存环境中宗教信仰与以前在中原老家以及湘、楚大地滞留地一带的宗教信仰有较大的不同。首先此时中原老家的中国传统道教、儒教和从汉、唐引进后正在大规模中国化的佛教已经三分天下各有其一。此时，来到一个生产生活方式完全不同的闽粤赣边区域，当地人们的宗教信仰还处在更为原始的状态，对祖先、死亡、繁殖、自然万物神秘现象的祈求和恐惧发展出了对超自然体神灵的民间信仰崇拜。其主要特征为万物都有灵——多神崇拜由此而生，如天有天神、地有地神、山有山神、树有树精、石有石魂。

这就有了客家先民从中原带来的宗教信仰与闽西原有族群宗教信仰的冲突。聪明的客家先民首领们想出了极好的协调办法：选出中原汉人宗教信仰的代表——佛教的"文殊菩萨"或"观音菩萨"；第二位是农耕文明的始祖"五谷大神"（即"神农氏"），这个选择双方都十分认可；第三位则是选自当地民间宗教信仰中的典型代表——能够在闽西大山中降龙伏虎的"伏虎大神"。于是，"二大祖师"信仰崇拜便应运而生了！

此外还有定光古佛和妈祖信仰等崇拜。定光古佛原名郑自严，五代闽王龙启二年（934）生于泉州同安县（今厦门市同安区），11 岁出家，投汀州契缘法师席下。17 岁时前往江西庐陵西峰寺，受业于圆净大师，"深谙密宗法术"。得道后主要在汀州区域传法，曾经为长汀、连城、武平等地除虎狼、蛟患，修水坝，治地痞恶霸，惩恶扬善，深受客地百姓的欢迎。公元964年时年31岁的定光来到汀州武平县南安岩坐堂，又收服了山中的猛虎和巨蟒，信众日巨，各地呈请不断。从此他多次应邀云游以汀州、赣州区域为核心的闽、粤、赣边客家人主要聚集区为民众解危济困、弘扬佛法，受到广大百姓和江西南康郡守赵遂良、汀州郡守胡咸秩的敬信和推崇，直至82岁时坐逝。多年以后，汀州多次遭到匪寇围攻，据传定光古佛屡屡显灵，帮助守城。公元1240年，朝廷念其伟绩颁赐匾额，将他住过的庵寺命名为"定光院"，他也因而被尊为"定光佛"，后经朝廷先后六次加封为"定光圆应普慈通圣大师"，民众尊称其为"定光古佛"，成为汀州客家人的保护神。对定光佛的信仰主要分布在闽西、粤东北、赣南的客家地区，其他地方也多见。明、清时期，汀州客家移民渡海去台，定光古佛信仰也随之传到台湾各地。

3 三祖文化崇拜

祖祠

当客家先民们迁徙来到人生地不熟的闽粤赣边时，已经觉得此生恐怕再难重回中原故土了，为了让后代永远记住自己这一支血脉何年何月来自何地方，永远记住他们是来自中原故乡的名门望族。于是，一般各个姓氏的子孙们便会从入闽第三世至第五世左右，视家族人口繁衍的情况开始建造祭祀祖宗的祠堂。后来为了激励子孙奋发有为，世代进取，对凡高中举人、进士、状元等功名的裔孙则在自家姓氏的祖祠门前分别矗立高大巍峨的石牌坊（石龙旗），它昭示着家族的价值观和精神取向，成为客家人敬宗睦族、耕读传家文化的一道亮丽的风景线。

宗祠前的石龙旗

祠堂祭祀习俗 每年的春节初一早上，该姓氏男丁必须早早来到祖祠，族长庄重地打开尘封了一年的列祖列宗画像，高悬于祠堂神龛之上，众子孙便在族长的口令下三跪九叩祭拜祖宗。凡上一年本姓氏男丁家有新生男孩出生的，均于此时在祠堂的大厅中由族长主持，举行庄严的添丁挂灯仪式，宣布该新生儿从此正式成为这个姓氏大家族的新成员。

因为客家的入闽始祖都是历经千辛万苦才开辟出了今天的基业，所以客家人对祖宗的崇敬较其他族群更甚，故有"敬神不如敬祖"一说。各姓氏除春节祭拜祖宗之外，有的姓氏还有春分祭、清明节祭、中元节祭等。

各地著名宗祠 宁化县石壁村的"客家公祠"、上杭县稔田村的李氏大宗祠、永定下洋镇中川村的胡氏宗祠、长汀县东门街劳动巷的刘氏大宗祠等。长汀县城之中就有102座姓氏宗祠，在长汀县河田镇还有"宗祠一条街"。

祖墓

据统计中原汉人迁入闽粤赣边先后有100多个姓氏，后来这100多个姓氏入闽先祖的祖墓就是现在闽西客家人各个姓氏的入闽开山祖墓，如吴氏（渤海郡）、黄氏（江夏郡）、张氏（清河堂）、王氏（太原堂）、杨氏（弘农堂）、温氏（太原堂）、丘氏（河南堂）、林氏（西河郡）、李氏（陇西堂）、涂氏（五桂堂）、郭氏（太原堂）等。每到清明时节，闽西各个姓氏的族人都有祭扫祖墓的习俗，有的姓氏往往是从最远的入闽开山祖开始祭扫，也有的则从最近的亲人开始祭扫，然后逐渐往上祭扫，直到祭扫至开山始祖方止。

上杭县著名的十六姓氏开山始祖墓就有张氏的张化孙祖墓、李氏的李火德墓、丘氏的丘三五郎祖墓、游氏的游二三郎墓、廖氏的廖花墓、郭氏的郭福安墓、赖氏的赖标墓、丁氏的丁十二郎墓、刘氏的齐千十郎墓、范氏的范宁壁墓、唐氏的唐世贤墓等。

祖（族）谱

祖（族）谱、宗谱，又称家谱，是一种以表谱形式记载一个家族世系繁衍及重要人物事迹、祖训传承的特殊历史文献，也是同宗共祖血缘族群世系人物等方面情况的珍贵人文资料。族谱大都有开基祖画像、墓葬地点、祖训、族规、历次修谱的序、跋以及历代人名、生卒、考妣、职业、迁徙、生子数目姓名及本人墓葬等。客家人尤其重视族谱的立谱、续谱和修谱是有深刻的历史原因的。首先是因为中华民族对历史的记载十分重视，五千年文明史才能够传承至今。二是国家有国史，地方有方志，家族就应该有祖（族）谱，这才有脉源的因果由来。三是客家人从中原迁徙而来，在那个年代要想重回故土谈何容易，何况人的生命是有限的，而用"纸寿千年"的书籍传承家族的历史，是那个时代最佳的选择。于是，客家人代代重视修谱，几乎每隔百年甚至数十年，只要该家族有名人、高官或者富商出现，修谱也就自然水到渠成了。

还有客家人自从离开中原老家之后就没有停下自己的脚步，除了在湘楚和江淮大地有所停留之外，就在以古汀州府行政区域为核心的闽、粤、赣边停留过迁徙的脚步，其余的时间都在不断地迁徙和寻找"梦中的桃花源"。所以祖（族）谱编修就十分重要了：它就像是一条绵延不断的血脉源流，记载着客家的子孙们怎样走向世界的远方。作为客家祖地的标志性工程——"中国客家族谱馆"已在龙岩市上杭县落成开馆，馆藏客家 120 多个姓氏的历代族谱数万册，目前该馆已成为海内外学者研究客家民系形成的重要学术基地。

"三祖文化"崇拜也成为客家祖地的标志。

4　土楼诞生

人口的暴发性增长

客家民系的形成大致是在两宋间，外来人口的暴发性增长是福建土楼诞生的主要原因之一。据史料记载，就在北宋崇宁年间至南宋宝祐年间这 150 多年里，汀州总人口增至约 140 万人，几乎翻了 3 倍。而龙岩市（尽管历史上行政区域变化较大，但古汀州府区域主体范围仍存）至今（2015）已逾 800 余年，总人口才增至约 300 万人，仅翻了 1 倍。可见在游牧民族入主中原，北宋灭亡、南宋赵构定都杭州之后的两宋期间，是古汀州府区域内人口暴发性增长最为迅速的时期。

据考证人口的暴发性增长主要有三个原因：一是游牧民族入主中原之后，大量的中原汉人"衣冠南渡"、"筚路蓝缕、以启山林"，历经长途迁徙，一批又一批地奔赴"梦中的桃花源"，形成了外来人口的爆炸性增长。二是新生人口的集中爆发。逃难的中原汉人在长时间艰难困苦的大迁徙中是不方便也不可能拥有安全的繁衍生息环境的，当他们终于到达古汀州府八县行政区域为核心的闽、粤、赣边这个"梦中的桃花源"之后，大规模的社会动乱、兵灾匪祸都已远去，万里迁徙之后还能够活下来的人的生命力也特别顽强茂盛，在一个从此拥有足够安全感的环境里，出现了新生人口的增长高峰。三是多子多福、重男轻女思想严重。闽西山高林密，坡陡田瘦，水流湍急，巨大的体力付出成为生存的必要条件。加之来到闽、粤、赣边山区之后，水土不服、毒虫猛兽侵扰、土客冲突、姓氏械斗、文化对峙等等都需要大量身体强健的男丁，不安全感造成了客家族群渴望多子多福、重男轻女的思想尤其严重。

随着人口的暴发性增长，闽西原有的生存空间受到了挤压，部分客家族群的新增人口便开始朝汀江上、下游和两岸的腹地，九龙江、闽江水系的上游再度分迁。为了争夺生存空间，部分客家族群向九龙江流域开发，与从九龙江下游朝上游开拓，征服畲、瑶族群，具有军事移民背景的闽南民系族群产生了严重的文化对峙。

两江文化对峙与福建土楼

从闽南民系族群与客家民系各自大致形成的时间和现在语言中的古音保留的情况来看，闽南民系形成的时间大约是在晋、唐之间，所以闽南民系族群的语言以"唐音"为主；而客家民系形成的时间大约是在两宋之间，所以客家民系的语言则以"宋语"为主。这两个民系迁徙和形成的重要时期正好处在中华文明形成、发展的两个重要阶段：一个是以汉文化为主体、追求华夏版图一统天下的农耕文明初级阶段；一个是以儒、释、

两江文化对峙图

道为文化主体，以儒家中庸思想为文化核心的中华主流文明形成的高级阶段。两种不同背景的政治文化诉求、两种不同的语系、两种不同的风俗民情，又在不同的年代相隔数百年先后到达九龙江与汀江流域，为了争夺生存空间，便产生了不同的文明诉求：闽南民系族群处于以中央集权和大汉文化为主体、武力统一华夏版图的农耕文明初期，所以武力统一华夏版图的意识就特别强烈，作为中央政府派出的镇压少数民族地区啸乱的军事移民，其文化属性中侵略性、攻击性和排他性很强，所以他们把黄帝武力统一中原的图腾"龙"引进闽西，并对所有山川河流都冠以"龙"的名称；而客家先民的主体人群到达汀江流域并最终形成客家民系的文化背景是儒家的中庸"和"文化，而且农耕文明已经在唐、宋和明、清两个时期发展到了高峰，人们的社会注意力已经从早期的武力征服、统一疆土和发展初级农业生产，进化到了寻找和追求社会物质和精神财富分配公开、公平、公正的理想社会层面。这从客家图腾"豸"是主持公平、公正的瑞兽可见一斑。所以，当一个具有攻击型文化性格的族群与另一个具有防守型文化性格的族群在两江流域迎头相遇时，为了争夺生存空间便产生了文化对峙这一特殊的文化现象。

对于刚刚从战乱不定的中原老家长途跋涉为"追求梦中的桃花源"逃难而来、举目无亲的客家族群来说，为了寻求尽可能的安全感，只能把目光首先投向与自己血缘最为亲近的家庭、家族或者同乡。于是客家人就利用从中原带来的夯土技术就地取材，以生黄土为原材料，从夯筑低矮的堡、寨、围屋开始逐渐摸索，最终建成了今天的福建土楼，构成了一个家庭或者一个家族心理安全的边界。当这种做法被周边的人普遍认可并广为模仿时，"福建土楼"便诞生了。

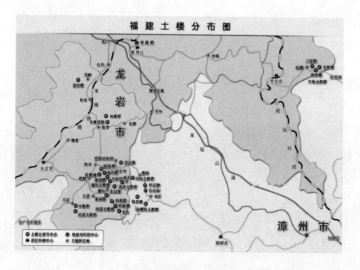

福建土楼分布图

作为包容了周边几乎所有民系族群审美理念的"福建土楼",一定是浸润了各个民系族群的共同意识,寄托了各个民系族群深邃、隐秘的哲学理念和梦想追求,这就是"福建土楼"的灵魂——客家文化。比如慎终追远、崇文重教、耕读传家的习俗;勤劳勇敢、勇于开拓、和合内敛的品格;崇尚正统、团结包容、海纳百川的禀赋;不断创新、永不满足、永远前行的客家精神,等等,几乎最后都熔铸在这高高大大的土楼里了。它成了客家的象征,成为客家文化的灵魂。

四 红色圣地

1 "二十年红旗不倒"

龙岩市位于福建西部,史称闽西。在土地革命时期,在这块红土地上先后成立了"中共闽西特委""闽西苏维埃政府""中共福建省委""福建省苏维埃政府""闽西南军政委员会""中共闽粤赣边工作委员会"等一系列省、市、县级党委和各级红色政权。所辖区域和政权尽管随着革命形势发展有增减变化,但主体区域仍以闽西为主,并一直坚持到全国解放,所以被誉为"二十年红旗不倒"。

党组织是闽西红旗不倒的基础

1926 年春,永定县湖雷籍进步青年阮山在厦门加入中国共产党,他和在厦门集美学校师范部读书并于年初入党的永定籍青年林心尧一起,回到家乡永定开始了建党工作。他们联系

福建省第一个农村党支部成立旧址——万源楼

从广州农讲所第五期毕业的党员赖玉珊、赖秋实和从上海大学回乡的党员熊一鸥等5人，于同年夏在湖雷上南羊头村"万源楼"建立了中共永定支部，推选阮山为支部书记。这是闽西最早建立的党支部，也是福建省第一个农村党支部。随后，永定金丰支部、上杭支部、龙岩（现为新罗区）小组、武平小组等闽西地方党组织相继建立。1928年7月15日，中共闽西临时特委在永定金砂古木督成立，成为闽西革命斗争的领导核心。至1929年3月红四军入闽前，闽西地方党组织已建立永定、上杭、龙岩、长汀、武平等5个县委，基层支部遍布全区主要乡镇，有党员755人，占福建省同期党员总数的58%。

　　1929年3～5月，毛泽东、朱德率领红四军两次入闽，与闽西地方党组织和地方武装相结合，加速了闽西革命根据地的建立。1929年7月20日中共闽西第一次代表大会在上杭蛟洋召开，闽西特委正式成立。至 1930 年 5 月，全区已有县委 6 个、区委 53 个、特支 19 个、支部 546 个，党员约 1 万人；有县苏维埃政权 6 个、区苏维埃政权 62 个、乡苏维埃政权 557 个。

1934 年 10 月中央红军长征后，留在闽西的地方干部、红军和游击队转入深山密林，坚持游击战争。1935 年 4 月，闽西南军政委员会成立，在张鼎丞、邓子恢、谭震林等领导下，艰苦卓绝的三年游击战争取得胜利。1936 年 1 月，党的地方组织逐步恢复和建立，成立了龙岩、永定、上杭、岩南漳、岩永靖、永和靖、岩连宁、永埔等 8 个县的军政委员会，党员 3000 余人。

中共闽西一大会址——文昌阁

新四军二支队开赴皖南前线抗日后，闽西党组织贯彻执行"隐蔽精干，长期埋伏，积蓄力量，以待时机"的十六字方针，将特委、县委委员会制改为特派员制，党员分散进入偏僻山区，开展生产自给运动。1946 年 6 月，恢复重建中共闽西特委，下辖永定、龙岩、杭永三个县委和永埔、长汀、连城三个工作团。11 月，成立中共闽粤边工作委员会，闽西特委改称为中共闽西地委，管辖范围增加了岩永靖、杭岩两个工作团。1947 年 7 月，恢复组建永和埔靖县委。1948 年 8 月，闽粤边工委撤销，成立中共闽粤赣边区委员会。这时闽西地委下辖永定、龙岩、永和埔等三个县委和杭永工作团。1949 年 1 月，中国人民解放军闽粤赣边纵队成立后，迅速解放一批乡镇。5 月后，闽西国民党反动势力分化瓦解，部分军政人员率部宣布起义；中国人民解放军闽粤赣边纵队闽西南临时联合司令部成立，边纵主力在各地武装的紧密配合下，痛歼南逃之敌，解放了闽西全境和粤东部分地区。1949 年 9 月 14 日，经中共中央华南分局批准，闽粤赣边区党委撤销，成立中共闽西、闽南地委，归属中共福建省委领导。

革命武装是闽西红旗不倒的保证

从 1928 年开始，闽西党组织先后在龙岩、平和、上杭、永定等县领导发动以农民为主体的"闽西四大暴动"，闽西的革命斗争从此走上了武装斗争、土地革命和建立农村革命根据地的新阶段。随后，闽西特委将各县暴动武装编成红军第五十五团、五十六团、五十七团。

永定暴动旧址

1929 年红四军进入闽西后，在主力红军的帮助下，建立了闽西第一支主力红军——红四军第四纵队，后来又建成了红九军（后改称为红十二军）、红二十军、红二十一军、新十二军、红十九军等五个军。在建立主力红军的同时，闽西还建立了地方红色武装，积极配合主力红军开展游击战争，形成了主力红军、地方红军（游击队）和赤卫队三结合的武装力量体系。

中央主力红军长征后，闽西南军政委员会领导红八团、红九团及各县地方武装在广大人民群众的配合下，运用灵活机动的游击战术，坚持了三年艰苦卓绝的游击战争，先后打破了国民党 10 个正规师的反复"清剿"，保存并发展了党组织和红军游击队。这些红军游击队在抗日战争爆发后，改编为新四军第二支队，开赴抗日前线作战。

此后，根据闽西"国共和谈协议"，闽西党组织虽然没有保留武装队伍，但仍然紧紧地掌握武装，保存革命力量。最后在迫不得已的情况下，又拉起了自卫武装，成立了王涛支队，在解放战争中又组建了闽西支队，最后成长为中国人民解放军闽粤赣边纵队。1949年在南下大军的配合下，解放了闽西全境。

土地革命果实是闽西红旗不倒的标志

1928年，中共闽西党组织领导龙岩、平和、上杭、永定地区的农民先后举行了震惊中外的"闽西四大暴动"，并在永定县建立了福建省第一个区苏维埃政权——永定县溪南区苏维埃政府和地方红军，开始了土地革命。在不到一个月的时间里，溪南区共有13个乡2万多人的区域完成了土地的没收和重新分配，创造了"抽肥补瘦""抽多补少"的重要分田经验，成为中央苏区土地革命的样板。

1929年毛泽东、朱德率领红四军两次入闽，创建了包括长汀、连城、上杭、龙岩、永定等县在内的纵横三百多里的闽西革命根据地，50多个区、600多个乡、80多万农民"收拾金瓯一片，分田分地真忙"。

1934年10月，主力红军长征以后，国民党军队占领闽西苏区，还乡地主也乘机向农民反攻倒算，纷纷夺回已分的土地。为了维护农民的利益，保卫土地革命的胜利成果，留下来坚持斗争的红军游击队，领导龙岩、永定、上杭等地的农民，向还乡地主开展了各种形式的抗租保田斗争。直至新中国成立，闽西有龙岩、上杭、永定等县的15个区、83个乡、14.6万人口的区域，有20多万亩的土地一直保留在农民手中，这是闽西红旗不倒的重要标志之一。

中共闽西一大《土地问题决议案》

2　中央苏区核心区

长汀绘制蓝图创建中央苏区

1929 年 3 月 12 日，毛泽东、朱德率领红四军首次入闽，在长汀全歼郭凤鸣旅，占领了汀州城。3月20日，毛泽东在汀州"辛耕别墅"主持召开红四军前委扩大会议，会上首次提出"以闽西赣南二十余县一大区为范围，用游击战术从发动群众以至群众的公开割据，深入土地革命，建立工农政权，由此一割据与湘赣边之割据相连接起来，形成一坚固势力，以为前进的根基"。正是这一蓝图促使中国革命从低谷走向高潮，中央苏区得以迅速建立和发展。多年后在延安，朱德对史沫特莱谈起这段往事时深情地说："长汀，真是中国革命的转折点啊!"

红四军司令部、政治部旧址——辛耕别墅

1929年5月19日，毛泽东率红四军从瑞金出发二次入闽，三打龙岩城、攻占"铁上杭"，歼灭了国民党福建省军陈国辉和卢新铭旅的主力。7月20日，中共闽西第一次代表大会在上杭蛟洋召开。至11月，红色区域已扩展到龙岩、上杭、永定、武平、长汀、连城、漳平、宁洋等县，在纵横数百里的红色区域内，已成立4个县苏维埃政府、50多个区苏维埃政权、400多个乡苏维埃政权。1930年3月18日，闽西第一次工农兵代表大会在龙岩召开，闽西苏维埃政府正式成立，标志着闽西革命根据地的正式形成。

中央苏区的半壁江山

从1930年12月至1934年10月，国民党对中央苏区连续发动了五次大规模的"围剿"。面对国民党军队一次又一次的"围剿"，在毛泽东、朱德、周恩来等的领导下，中央苏区越来越壮大。到1933年国民党军队第四次"围剿"被粉碎后，中央苏区的发展达到了鼎盛时期，共辖江西、福建、闽赣、粤赣、赣南5个省级苏维埃政权。2013年7月23日，中央党史研究室正式下发《关于原中央苏区范围认定的有关情况》（中史字〔2013〕51号）文件，确认中央苏区范围县为97个，其中江西省49个、福建省37个、广东省11个。

福建省（37个）

龙岩市：新罗区、永定县、上杭县、武平县、长汀县、连城县、漳平市

三明市：梅列区、三元区、尤溪县、沙县、将乐县、永安市、大田县、明溪县、清流县、宁化县、建宁县、泰宁县

南平市：延平区、顺昌、邵武市、光泽县、武夷山市、

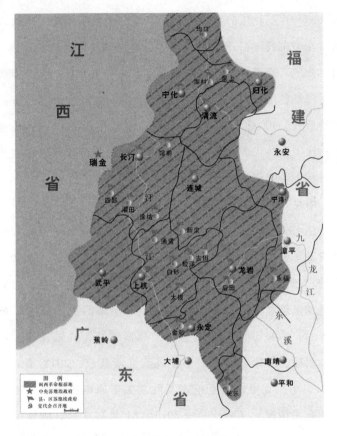

闽西苏区示意图

浦城县、建阳市、建瓯市、松溪县、政和县

　　漳州市：芗城区、平和县、诏安县、南靖县、龙海市、漳
浦县、云霄县、华安县

　　中央苏区的政治、军事中心是江西瑞金，经济、文化中心
是福建汀州（长汀），中央苏区第一个县级红色政权是福建省
长汀县革命委员会。闽西党组织和苏维埃政府先后被划入中央

苏区版图的有汀州市、长汀县、上杭县、龙岩县、永定县、连城县、武平县、漳平县、兆征县、汀东县、新泉县、代英县、宁化县、清流县、归化县以及漳州、粤东与龙岩接壤的饶平县、平和县、大埔县、南靖县等 19 个县、市，是中央苏区的核心区，占据中央苏区版图的半壁江山。

中央苏区的经济中心

闽西是中央苏区的经济中心。在崇山峻岭之中的山城长汀，闽西人民创造出了闻名中外的中央苏区"红色小上海"。汀州的手工业、公营工业占了整个中央苏区的一半，是赣南、闽西各县的物资集散地，以汀江航运为主的交通十分便捷，有"上河三千、下河八百"（"上河"是指永定峰市以上载重四吨左右的汀江航船，"下河"是指永定峰市以下至潮州、汕头的航运大海船），商店林立（全市有公营、私营企业五百多家）、市场繁荣（每天从上杭、瑞金等地来的商贩达七八百人，多的时候达千余人）。

闽西苏区还涌现出"中央苏区模范乡"、"福建省苏区第一模范乡"——上杭县才溪乡、"福建省苏区第二模范乡"——长汀县涂坊乡等苏区建设的先进典型；闽西苏区创造的土改经验推广到全国苏区，直接影响到新中国成立后的土改运动；上杭县才溪乡创造的劳动合作社，是中央苏区第一个劳动互助组织，成为我国农业合作化运动的发源地；闽西苏区创办的各种类型的合作社，特别是粮食合作社、粮食调剂局，后来推广到整个中央苏区。

闽西苏区人民踊跃支前，仅以 1932 年 4 月红军东路军攻打漳州为例，闽西苏区就组织了数千人的运输队、担架队，将红军在漳州缴获的所有物资包括飞机都统统肩挑手抬运回苏区。闽西人民节衣缩食、倾其所有支援革命战争。当时，中央苏区平均每 15 个农业人口就要负担 1 名红军和 1 名工作人员的费用开支，此外还要负担庞大的战争费用。尤其是反"围剿"战争最紧张时期，苏区人民除完成应交的土地税、公债款外，还要节约大量的粮食，捐助大量的经费给前线。据不完全统计，仅在第五次反"围剿"战争中，闽西苏区支援红军的粮食就有 12 万担之多。如果说，解放战争中淮海战役的胜利，是华东人民用小车推出来的话，那么，长达五年之久的中央苏区反"围剿"战争，则是闽西、赣南人民用汗水和鲜血支撑的。

积累苏区政权建设经验

在与国民党政府激烈对抗中诞生的闽西苏区，以其强有力的组织系统和运行机制，在战火硝烟中开始了领导、管理和建设国家的初步尝试，创造了许多"第一"。如 1929 年 3 月在红四军帮助下成立的长汀县革命委员会，是红四军下井冈山以来，在赣南、闽西创建的第一个县级红色政权。1930 年 3 月，闽西第一次工农兵代表大会制定并通过的《苏维埃政权组织法》《苏维埃代表选举条例》《婚姻法》《劳动法》《裁判条例》等法令，都是中共创建苏区中最早制定的较完备的法律，为后来全国苏区政权建设提供了范本，并在民主制度（选举、代表会议、法制建设）建设和实际工作中，进行了许多有益的探索与创新，是中国共产党民主政治的最早尝试，对当时全国苏维埃建设具有重要的启示作用。1932 年 3 月 18 日，福建省第一次工农兵代表大会在长汀召开，大会讨论通过了土地、劳动、军事、经济、苏维埃建设等法令，选举成立了福建省苏维埃政府。确定了福建省苏维埃政府最高权力机关为福建省工农兵代表大会，在各县、区、乡普遍建立起代表会议制度。交通事业方面，在闽西工农通讯社基础上创建了一条从上海—香港—汕头—永定峰市进入闽西而后到达红都瑞金的地下交通线，传递重要文件，护送重要干部和输送苏区急需物资。如护送周恩来、李德、博古等重要领导干部就有 200 多人。在金融事业方面，在闽西工农银行的基础上创建了苏维埃国家银行。在邮政事业方面，苏区红色邮政起始于闽西。在文化教育事业方面，在闽西创办了中央苏区第一所妇女夜校——新泉妇女夜校，中央苏区第一所军校——闽西红军学校。在卫生事业方面，在长汀傅连暲福音医院的基础上创建了中央红色医院——苏维埃国家医院等。

福建省苏维埃政府旧址

3　毛泽东思想初步形成地

思想建党、政治建军思想

如何建设长期处在农村游击战争环境下以农民为主要成分的党和军队，使之成为无产阶级的政党和人民军队，这是摆在中国共产党面前的一个带根本性的重大问题，也是国际共运史上前所未遇的崭新课题。

1929年12月28～29日，在上杭古田召开的中国共产党红军第四军第九次代表大会，即著名的古田会议，成功地把马列主义的普遍原理与中国革命的具体实践相结合，找到了党和人民军队建设的正确方向。提出要用无产阶级思想建设无产阶级的政党和人民军队。探索出一条从思想上建党、政治上建军的成功之路。邓小平同志指出，"把列宁的建党学说发展得最完备的是毛泽东同志……大家看看红军第四军第九次党代表大会的决议就可以了解"。规定了人民军队的为人民服务宗旨、无产阶级性质和打仗、筹款、做群众工作等三大任务，提出了党对军队绝对领导等一系列重要原则，标志着军魂的正式确立。古田会议还确立了思想政治工作的重要地位，树立了开展党内思想斗争的良好典范，这在党的建设史上是一个重要创举，对党的建设是一个重要贡献。《古田会议决议》为毛泽东思想的形成奠定了一块重要基石。

农村包围城市革命道路理论

道路问题，事关中国革命的兴衰成败。1927年大革命失

毛泽东《星星之火，可以燎原》写作旧址——协成店

败后，中国共产党开始了武装反抗国民党的艰苦卓绝的斗争。
在 1927 年 8 月至 1929 年间党领导的近百次大小起义中，大
都是以攻占城市为目标。而毛泽东则第一个提出了"上山"
的思想，创建了党领导的第一个农村革命根据地，同时他善
于不断总结经验，从理论上探讨中国革命的道路。他在井冈
山所作《中国的红色政权为什么能够存在?》《井冈山的斗
争》的决议和报告中，提出了"工农武装割据"的思想和红
色政权能够存在和发展的理论。1929 年，毛泽东率领红四军
主力进军赣南、闽西，尤其是两次入闽，创建闽西革命根据
地的斗争实践，推动着毛泽东对探索中国革命道路认识的深
化和升华，产生了理论上的飞跃。1929 年 12 月召开的古田
会议，解决了在农村环境中，党员绝大多数是农民的条件下，
保持党的无产阶级先进性这一开辟革命新道路必须解决的关
键问题，清除了"流寇"思想，为农村包围城市道路的开辟

做出了重大贡献。古田会议后，1930年1月5日，毛泽东在给林彪的信（即《星星之火，可以燎原》）中，首次提出了建立巩固的农村根据地对夺取全国政权的意义，这标志着毛泽东"农村包围城市、武装夺取政权"的中国革命道路思想的形成，为毛泽东思想在闽西的初步形成奠定了又一块"基石"。

实事求是的思想路线

从20世纪20年代后期开始，在国际共产主义运动中和中共党内，盛行把马克思主义教条化，把共产国际决议和苏联经验神圣化的错误倾向。这时，在艰难中开辟赣南、闽西革命根据地的毛泽东，同这种错误倾向进行了抵制和斗争。

毛泽东才溪乡调查会址

　　1929 年下半年，为了反对红军中的教条主义，毛泽东在闽西思考了反对教条主义的问题，并在闽西写了反对教条主义的《调查工作》一文。同年底，在古田会议决议中，毛泽东提出对不正确的思想进行"坚决的斗争"，要"对党员作正确路线的教育"。为了纠正红四军党内业已存在的主观主义错误，他提出了三个具体的办法，即"（一）教育党员用马克思列宁主义的方法去作政治形势的分析和阶级势力的估量，以代替主观主义的分析和估量。（二）使党员注意社会经济的调查和研究，由此来决定斗争的策略和工作的方法，使同志们知道离开了实际情况的调查，就要堕入空想和盲动的深坑。（三）党内批评要防止主观武断和把批评庸俗化，说话要有证据，批评要注意政治"。这三个具体办法的提出，标志着实事求是思想路线已经初步形成。

毛泽东才溪乡调查会址之才溪列宁堂

　　与此同时，毛泽东根据中国革命的具体条件指明了革命的具体道路，《星星之火，可以燎原》形成了农村包围城市、武装夺取政权的思想，这是实事求是的成果。所以，邓小平后来评价说："毛泽东思想的基本点就是实事求是……用农村包围城市。如果没有实事求是的基本思想，能提出和解决这样的问题吗？能把中国革命搞成功吗？"

　　1930 年 5 月，毛泽东在江西寻乌进行了一个月的调查之后，在《调查工作》的基础上，改写出了他的名作《反对本本主义》。《反对本本主义》是对中国共产党和人民军队成立以来革命实践的一次深刻反思，也是对《古田会议决议》和《星星之火，可以燎原》的继承和发展，为前二者进行了更全面的诠注，反过来给予了前二者理论上更有力的支持。《反对本本主义》提出了一个重要的命题："没有调查，没有发言权。""中国革命斗争的胜利要靠中国同志了解中国情况"，共产党人应坚持"从斗争中创造新局面的思想路线"，反对保守的本本主义的思想路线。《反对本本主义》一文鲜明表达了实事求是、群众路线和独立自主的根本观点，表明毛泽东思想的活的灵魂已略具雏形。

　　在 20 世纪 30 年代初，毛泽东把马克思主义普遍真理同中国实际结合起来，初步解决了中国革命道路应当怎样走以及与之相关的一系列重要问题，基本形成了明确的马克思主义中国化的一种时代产物——毛泽东思想。而毛泽东在闽西的科学著作，特别是《古田会议决议》《星星之火，可以燎原》《反对本本主义》等三篇光辉著作，在毛泽东思想的形成阶段具有里程碑式的重要意义。

通过在闽西的具体革命实践，毛泽东站在夺取中国革命胜利的历史高度，对中国革命道路，党和人民军队的建设，农村革命根据地的土地革命、政权建设、经济建设，统一战线，党的思想路线等毛泽东思想的重要内容作了理论上的概括，闽西为这些思想理论的形成做出了独特的贡献。没有闽西，或许就没有红四军的生存与发展，也就没有毛泽东思想产生的热土。没有闽西根据地的创建、巩固和发展，也就没有红四军的发展壮大，毛泽东思想也就失去了实践基础。正是因为有了闽西这块红土地，毛泽东才有可能在实践总结的基础上，初步形成中国化的马克思主义，初步形成毛泽东思想。土地革命时期闽西辉煌的革命历史充分证明，闽西当之无愧是毛泽东思想初步形成地。

4 红军故乡 将帅摇篮

红军故乡

闽西是全国较早、福建省最早创建红军的地方。早在1928年7月初，永定农民武装暴动后，张鼎丞、邓子恢等就从参加暴动的队伍中挑选出200余人组成红军营。随后，中共闽西临时特委又将各县的暴动武装编成闽西红军第五十五团、五十六团、五十七团等三个团。

闽西在红军的建设史上地位特殊，全国影响最大的红四军于1929年3月在闽西的长汀首次统一着装，首次发放军饷，至 1929 年 9 月打下上杭城后，红四军已由 1929 年初离开井冈山时的 3600 余人发展至 7000 余人，壮大了近一倍。

1930 年 3 月，闽西苏维埃政府成立后，将各县的赤卫团编成中国工农红军第九军，邓伟任军长、邓子恢任政委。同年 4 月下旬，根据中共中央指示，红九军改称红十二军，邓毅刚任军长，全军辖 6 个团。6 月中旬，在汀州整编，成立中国工农红军第一军团，红十二军编入红一军团。

1930 年 5 月，闽西各县赤卫队、游击队组成闽西红二十军，全军辖 5 个纵队和 2 个游击大队。

1930 年 6 月，根据红一军团前委决定，将原闽西地方武装改编的红四军第四纵队、红十二军第一纵队和部分地方武装合编为闽西红二十一军，胡少海任军长。

1930 年 11 月，闽西总行委、红二十一军军委召开联席会议，决定把红二十军、二十一军合编为新十二军，贺沈洋任代军长。全军辖 3 个团 10 个营。1931 年 9 月，红一军团第十二军与闽西新十二军在汀州会合，闽西的新十二军补充到红一军团第十二军。

1932 年 2 月，中共闽粤赣省委在汀州成立福建军区，罗炳辉任司令员。1932 年底分别成立闽西红军独立第八师、第九师、第十师，1933 年 3 月 6 日，这三个师汇编成红十九军，叶剑英任军长。这是后来红军长征湘江战役中英勇殿后的红三十四师的前身。

闽西人民为了保卫翻身解放的革命果实，保卫苏维埃政权，保卫和发展红色区域而踊跃参军参战。在扩红运动中，到

漳平杨美村红军题壁留款信旧址——荣福堂

处是父母送子、妻子送郎、兄弟争当红军或父子同当红军的动人情景。上杭才溪乡 15～55 岁的青壮年男子，有 80% 以上参加红军。

在抗日战争时期，闽西南红军游击队 2400 余人改编为新四军二支队，占新四军总人数的近 1/4，司令员张鼎丞、副司令员谭震林。这支部队于 3 月开赴苏皖前线抗日。解放战争时期，闽西人民革命武装又先后整编为中国人民解放军闽粤赣边总队闽西支队、闽粤赣边纵队第一支队。闽西对人民军队的创建做出了重大贡献，因而成为名副其实的红军故乡。

将帅摇篮

闽西是无产阶级革命家、政治家、军事家和著名将领锻炼成长的摇篮之一。在中国共产党第一、二代领导集体中，毛泽东、周恩来、刘少奇、朱德、邓小平等 50 多位党和国家领导人，新中国成立后授衔的 10 位元帅中的 9 位、10 位大将中的 8 位、57 位上将中的 33 位、177 位中将中的 113 位以及众多少将都曾在闽西进行革命实践和参加战斗。此外，中共的许多著名将领，如叶挺、左权、彭雪枫、罗炳辉等都曾在这里留下战斗的身影。这里还洒下了瞿秋白、何叔衡等中共元老和胡少海、刘安恭、王良、许卓等著名红军将领的鲜血。

毛泽东从 1929 年开始，先后 6 次来到闽西，领导军民创建了闽西革命根据地，建立了中央苏区，写下了《古田会议决议》《星星之火，可以燎原》《反对本本主义》等五篇光辉著作和《清平乐·蒋桂战争》等四首诗词，正是在闽西这块土地上，毛泽东思想初步形成。

周恩来曾 3 次来到闽西，指导闽西的革命斗争，为闽西土地革命的兴起、为古田会议的胜利召开和中央苏区的巩固、发展做出了杰出的贡献。

刘少奇曾多次来到闽西，指导闽西苏区工人运动。1934年 7 月，在第五次反"围剿"的紧急关头，他临危受命，出任中共福建省委书记，领导、组织军民开展了卓有成效的反"围剿"斗争。

朱德前后 5 次来到闽西，率领红军驰骋闽西大地，指挥了首战长岭寨、三打龙岩、攻占"铁上杭"、出击闽中等许多著名战役、战斗。在闽西期间，他参与了在赣南、闽西创建中央苏区的战略决策；与毛泽东、陈毅一起主持召开著名的古田会议。

邓小平于1931年以中央特派员的身份从上海经红色地下交通线进入闽西苏区，先后在永定虎岗、上杭白砂、长汀南阳、河田等地停留了数月，进行社会调查，指导革命斗争。

此外，胡耀邦、杨尚昆、董必武、叶剑英、邓颖超、陈云、陆定一、林伯渠、项英、谭震林、王稼祥、任弼时、江华、郭沫若、康克清等许多党和国家领导人以及众多将帅都曾在闽西进行过伟大的革命实践，留下了许多动人的故事。

闽西儿女战斗在中华大地

为了中国人民的解放事业，参加革命军队的闽西儿女奋战在祖国大地。在中央红军8.6万余人的长征队伍中，有2.6万余人的闽西儿女。他们在长征途中担负着前锋殿后、政工后勤、侦察救护等特殊而艰巨的任务，特别是在血战湘江、强渡乌江、智取遵义、飞夺泸定桥、爬雪山、过草地、攻占天险腊子口等战斗中屡建奇功。由原闽西独立第八、九、十师改编的红五军团三十四师6000余人，在长征中担任中央红军的总后卫，为了掩护中央纵队强渡湘江全师将士血战殆尽，是中央红军血战湘江中唯一全军覆灭的建制师。到达陕北时，参加二万五千里长征的闽西儿女仅剩下2000余人，几乎是每前进一华里就倒下一名闽西子弟兵。

在抗日战争中，闽西子弟兵近5000人编入八路军、新四军，他们战斗在长城内外、大江南北，热血洒遍了全国各个抗日战场，仅在皖南事变和塘马战斗中，闽西籍将士就牺牲了近1500人。山东战时工作推动委员会副主任陈明、新四军十六旅政委廖海涛、新四军二支队政治部主任罗化成等烈士是抗日战争中为国捐躯的闽西子弟兵的杰出代表。

闽西革命烈士纪念碑

中央红九军团长征出发地遗址——观寿公祠（陈子亮 摄）

在解放战争中，数千闽西儿女，高举人民解放大旗，鏖战华北、浴血东北，逐鹿中原、经略华中，驰骋华东、奋战华南，进军大西北、解放大西南……战斗足迹遍布华夏大地，他们在苏中大捷、保卫延安、临汾攻坚以及平津战役、战斗中尽显神威。在战火中倒下了华东野战军副参谋长张元寿、第三野战军师长伍上同等许许多多闽西籍英烈，换来了人民的解放。而今，陈明、张元寿等英烈还长眠在山东临沂华东革命烈士陵园内……

血与火的洗礼，铸造出一代英豪，他们是闽西人民的骄傲。

五 地方风物

1 传统民俗

"十里不同风，百里不同俗"，闽西七县市区民间风俗各有千秋，丰富多彩。从大的方面大致可分成永定、上杭、武平、连城、长汀等客家地区的客家民俗和龙岩、漳平闽南地区的闽南民俗。

婚嫁习俗

闽西传统婚嫁，不论客家地区还是闽南地区，一般都是"同姓不婚"，讲究"门当户对"，基本是父母之命、媒妁之言、算命先生拍板。整个过程需"看妹子""合八字""察人家""送定""过定""大压""捡日子""送日子"等。出嫁叫"行嫁"。"行嫁"需有"开面"、"送盛"、"上头"、吃"团圆餐"、"催嫁"、出门时"哭好命"、出嫁路上扛一连根带叶的翠竹"拖青"、花轿前有"带路鸡"和饰有红纸的马灯、一路吹鼓手、放鞭炮等程式。有的有"背新娘"风俗。男家在大门口手执火把"等嫁"；行嫁队伍到来新娘下轿时随手"撒新人果子"，然后"簪花"披红绸的新郎打伞牵新娘从大门前"过火盆"，踩簸箕"入门"。拜堂后进洞房时，女家马灯放在新床上，一老奶奶将花生、橄榄、红枣等撒在床上，一伙男童哄抢称"爬床"。婚酒宴后女方将嫁妆清单、箱锁匙当众交男家叫"点嫁妆"。当晚新房点"长明灯"、"闹房"，直至下半夜结束后，新郎洗浴，新娘由陪嫁女抹身，头天仪式结束。次晨新郎新娘重穿拜堂衣饰到厨房"拜灶君"。第三天新夫妻首次去女家叫"转门"。闽南地区男方要把新娘的嫁妆在结婚前三五天送到女家，然后在女方出嫁时再作为陪嫁送到男家；新娘进门时，男家兄弟、姑嫂都要暂时回避，不和新娘在厅堂走廊上照面。个别闽南地区有在天亮前把新娘背到夫家的习俗。闽南地区新郎新娘"转门"回来时，要携带丈母娘送的用红丝线绑着的两根甘蔗和两棵芥菜回家，并在婚嫁满一个月后办"月圆"礼。

特殊婚俗

旧社会，在闽西不论客家地区还是闽南人聚居区，都存在一些畸形婚姻。

捡生婢（童养媳）　两家家长互换未成年男孩女孩庚帖、付女家少量聘金后便将女童抱回抚养，待长大后成婚。无须媒妁婚嫁那样的繁琐程式和耗费重金，未婚夫妇间和婆媳间能有一段共同生活的时间以培养感情，且减少生女孩丢弃现象。但大多数童养媳处境悲惨，尤其男女不和也被强迫结婚造成悲剧。

招婿婚（入赘）　年老夫妇有女无子，或等郎妹未等到郎，便招赘一男子到女家成婚，叫"入女家屋"。其他的还有等郎妹、隔山婚、转亲婚、过继婚、讨小婚（纳妾）、打合同、典妻等，如今这些特殊婚俗，除招婿婚之外，其他均已绝迹。

生育习俗

若生男孩即放一串鞭炮，在产房门口放"暗火钵"以避邪；若生女孩，则无。但不论生男生女当天必须给产妇吃雄鸡蒸"产后药"。三天后产妇母亲前来探访"做三朝"。一月时"做满月"，亲戚都不请自到。"坐月子"要吃"姜酒鸡"，洗树叶澡，额上系手帕。出生第100天"做百志"，婴儿开始穿开裆裤，叫"扶坐栏"。当天神桌下大爬篮里放算盘、毛笔、秤、镜子、剪刀、通书等，由小孩爬在那里抓取，预示孩子长大后的去向，然后宴请宾客。闽南地区生育三天后需"请鸡酒"，亲友送鸡、蛋、衣物等礼品，主人则回赠红包。婴儿做满月时，要剃头沐浴拜祖宗，然后由大人背着"上踏碓"、推"土砻"、到屋外"赶老鹰"。婴儿取名需"查八字""看五行"，按"辈分"取。

寿庆丧葬习俗

做寿　讲究"男做齐头女做一"。客家特色是"暖寿驳烛"。后辈各点上一对蜡烛依序插案上，蜡烛越多越兴旺发达。完后，不论客家还是闽南，寿星都端坐大厅接受"拜寿"。客家拜完放鞭炮时各自送的各自放，放的时间越长越好。寿宴时寿礼需挂在大厅。"大外""外家"必须坐"上桌"。做寿日期不一定非要生日当天，但必须"提前不推后"。闽南地区拜寿是在寿诞前夕，寿诞当天清早还要先拜天地、祖先，然后拜寿星。

去世 俗称"过身"，有整套小殓、安灵、大殓、还山、半路祭、除灵、亡魂上座、扶油砵等繁琐程式。闽南地区死者停尸入殓时间是"春三夏一、秋五冬七"，送葬时女眷只能送到大门外。

树碑 安葬一定时间后要给墓地树碑。到时三跪三叩拜"行祭"、"呼龙"，然后抛撒硬币、红枣、小铁钉等，在场人人做接状，喻示让后代发财、添丁。

祭墓 闽西民间十分重视祭墓。客家称"挂纸"，分清明的春祭和中秋的秋祭。各地子孙回乡参与。春节全家扫墓后才能举办除夕宴。祭墓时先报来者姓名，然后按辈分祭拜。

传统"族谱""宗祠""家训"习俗

各姓均有"族谱"，分总谱、通谱、分谱，是家族世迹系谱。续谱时是姓氏家族一次大联谊。"上杭客家族谱馆"是世界唯一的族谱馆，在促进两岸认同中发挥了独特作用。

客家特重"宗祠"，有一姓一祖一宗祠，也有一姓一祖数宗祠。有的宗祠富丽堂皇，有的简朴。堂中均有祖传的堂号、堂联。有的宗祠前有石桅杆，彰显房族荣耀，文官的顶端笔形，武官的顶端虎豹形。有一整套入祠仪规。

"家训"大多记刻在族谱上或悬挂于中厅或祠堂墙上。内容多为重教崇文、敦亲睦族、爱国爱乡、勤俭立业、根祖意识、耕读传家和孝悌品德等方面。强调加强宗族团结才能争得生存和发展空间；因祖先在颠沛流离困境中体会到安定的可贵，故特别强调爱国爱乡情怀；由于山区山多田少人口增加，跳出山门唯有"学而优则仕"，故特重耕读传家、个人道德修养；对祖墓祠宇的保护、祭祀也有明确规定。故家训体现了先祖的人生观、价值观和思想道德观，为后代树立为人处世的规范、自我修养的标杆。

宴客、居屋习俗

团圆宴　逢春节、元宵等大节日，每家一壶酒一盘菜，会聚正厅或祠堂举行大团圆宴。有时朋友相聚宴饮后将开支分摊谓"打平伙""打斗食"。邻居有客，碰上了也端起酒壶给添些酒，甚至炒上一两盘菜参与。

民间宴请　客家称"去食酒"，闽南称"轧丰收"。客家把不好的事也列为"好事"，以求吉利，称"红白好事"，故请客又叫"做好事"。"红喜事不请不送，白喜事不送不请"。宴请讲究"礼数"，如需按尊卑老幼择位而坐，宴中出菜及猜拳有一整套规矩等。

民间居屋　追求聚族而居、数代同堂。大都建成土圆楼、方楼、围屋或五凤楼。多规模宏大，土（砖）木结构，布局对称，内通廊式，体现儒、释、道元素，楼内多有雕刻、壁画、楹联、匾额等，注重文化氛围；有一整套建筑礼仪习俗。迁居时在老灶膛点一火把、挑一窝母鸡小鸡，带到新居后点燃新灶柴草。亲朋送贺礼挂放于厅堂。岳丈家送"大担"，内有大米、鞭炮及碗筷、火钳、水桶等。富户请戏班演出。

禁忌习俗

忌春节讲不吉利话。入年界到出年界死人不啼哭、不报丧，正月初五以后方可办丧事。

忌直呼祖先、长辈和同辈之名，很亲密的人才能叫小名或绰号。

忌说"死"字，用"过身""归天""去世""走了"代替。

称"医生"为"先生"，"药"称"茶"，"开药方"称"开单子"。忌说"病"字，称"不自然"，称小孩病了为"不乖"。

进食宜坐端正，忌蹲着吃和用筷子、汤匙敲打空碗。忌用单只筷、长短筷、杂色筷，忌用筷子指人。忌吃饭时骂人。忌把饭碗反扣在桌面上。

忌穿艳丽衣服参加丧礼。忌大庭广众下穿内裤或打赤膊。忌屁股坐在帽子、上衣、枕头上。双胞胎婴儿忌穿不一致的服饰。

忌当客人面扫地。忌用扫帚打人。家中有人怀孕时，忌在壁上打钉子。

忌同一家门一年内连办两次喜事。办过丧事的直系亲属在49天内忌登门访亲会友和忌办喜庆事。

忌赠送礼物时逢"4、7、9"，忌用白纸、白带包扎礼物。忌以手巾、剪刀、扇子、伞送人。忌用脚踩写有字的纸，忌用它来擦屁股。

2 节庆风情

国家级非物质文化遗产：闽西客家元宵节庆

闹花灯 是最传统的元宵活动，如连城芷溪的"出案花灯"，一株如树大花灯，由99个小花灯组成。由一人擎着，正月初一至十五，先后由数户人组合出游；永定抚市游花灯称"出魁"，正月十三至十七日巡游，让崇文重教神化。巡游时魁星后面是近百台十分豪华的"古事花灯"，展现因读书而成名的各类历史人物。随后还有花篮灯、采茶灯、鲤鱼灯、狮象灯、蝙蝠灯、龙灯等，一路锣鼓、十番、响铳、鞭炮不绝，直到深夜放焰火、"烧架花"后结束等。

迎（走）古事 是闹元宵重要项目。最著名的是连城罗坊正月十五"走古事"，它以规模大和竞技性强著称。一棚古事400余斤，需壮年66人、轮流一次16人扛抬奔跑后，又冲入溪河中逆水竞跑，两岸人山人海，在锣鼓、鞭炮、响铳和呐喊声中你追我赶，紧张热烈、撼人心魄，被媒体喻为"中国客家山村狂欢节"；长汀、永定、漳平等县一些乡镇也有这种"迎古事"，但只是抬着巡游。还有"龙载古事""马上古事""车载古事"等。

舞龙灯 如著名的连城姑田"游大龙"达170余节，总长700多米，有"天下第一龙"之称，游走于田野村落，家家以香案、火堆、鞭炮迎接，一路锣鼓喧天、铳声撼地，十分雄奇壮观。还有上杭南阳、漳平永福、永定抚市、龙岩适中等地的"花灯龙"；连城北团和四堡的"拔龙"尤具特色。还有

水中走古事（何志溪 摄）

上杭庐丰、中都的"秆龙"，又称"香灯龙"，即以稻草紮制龙头、龙尾和节节龙身，上面插满香火，随着锣鼓点起舞，夜晚舞动时，如同点点流星汇成的银河，煞是好看。游经家家门前时，主人会以新香插上，换下老香插在自己家中，以求吉祥。

姑田游大龙

打船灯　上杭、武平、永定等地多为双人船灯，长汀、连城、漳平多为单人船灯。表演双人船灯时，一人藏身于船舱以挎带扛起船灯，船头船尾一艄公、一艄婆，持桨边划船边说唱，接着表演各种船灯小戏。单人船灯艄婆肩挽着，艄公牵绳于船头表演。

此外还有连城新泉和长汀涂坊等地的"烧炮"；永定坎市的"打新婚"；长汀童坊的"闹春田"；长汀四都鱼溪村的"打菩萨"；龙岩的月半"提灯"；漳平赤水、龙岩万安的"迎花灯板龙"等。

省级非物质文化遗产：闽西客家春耕习俗

连城新泉"犁春牛"　"犁春牛"在立春前后三天举行。巡游队伍以房族为主组成。巡游时一路锣鼓队，五至七人的松明火把队，牵牛迎春者，手扶木犁表演犁田的农夫，挑担送饭送草的农妇，荷锄的男女锄田手，身穿长衫手拿书本的书生，钓鱼的渔夫，头戴凉笠挑柴的妇女，身穿长衫手提中草药上写"四季平安"的郎中，身穿长衫手拿算盘账簿的商人，按古装化装的古事人物，"十番"乐队和锣鼓队等，先到开基祖祠堂祭拜，然后按事先商定的大街小巷巡游。

长汀濯田"保苗祭"　长汀县濯田镇每年农历二月初二抬着"三太祖师""五谷大神"，神铳齐鸣到各自然村巡游后，群众每户一壶米酒、一盘糕板，云集菩萨前的长桌上举行"百壶祭"。开始演大戏、演木偶戏、打十番、吹鼓手、打船灯、舞龙、舞狮、"斗轿"等表演及道士做道场。完毕后现场互相品尝米酒糕板板，展现一片大团圆和谐气氛。

　　河源十三坊"游公太"　　连城、长汀交界村庄称"河源十三坊"，每年农历二月初二、初三按早已排好的固定顺序，轮流举行巡游"珩瑚公太"闽王王审知的民俗活动。每村十三年才轮流一次主持。据说它起源于明朝中叶，至今已有400余年历史。游行队伍中有大锣、会标、牌匾、锣鼓、十番、舞狮、舞龙、腰鼓、竹马灯、花台古事、麒麟、儿童扮八仙的骑马方队，一村一支的三轮小车、板车、摩托车等载的古事彩车方队、凉伞方队、一千面三角旗方队、一列抬阁古事队等，23组、100多个神铳手前后穿梭鸣放神铳。数千人的豪华队伍浩浩荡荡巡游后，再观舞龙、舞狮、打船灯和汉剧、木偶戏等演出，直到深夜才能结束。

河源十三坊"游公太"

连城北团"游大粽" 每年农历二月十三日，连城北团镇上江坊村有祭祀"五谷真仙""游大粽"的农耕民俗。二月初六开始，村民用上万片粽叶缝制粽衣，用60斤糯米裹制成1.6米高的笋状大粽。初七晨下锅，旺火蒸煮四天四夜，正月十二日取出，将大粽以金箔纸包裹，贴上吉祥纸花；另包上百个指头大小的公、母小粽，挂在大粽尖端，二月十三日正式出游，二棚大粽、龙凤旗、花灯、古事棚和"五谷真仙"轿队列，一路吹打，浩浩荡荡，沿田间大道和村民家门前巡游。家家门前摆香案、放鞭炮迎送。

长汀童坊"踩船灯""抖轿" 在长汀童坊镇彭坊村，有在三月间迎伏虎祖师、"踩船灯"、"抖轿"的习俗。这里的船灯比长汀其他地方的更长更大，以竹篾扎成船形，以色布、彩纸裱糊，再装上各种花饰而成。表演时有"船生"四人，一位秀才立船头，一位奶娘站船尾。船侧两人装扮丑角表演。巡游时，神轿在最前面，由六位壮汉抬着，边前进边大幅度跳跃，称为"抖轿"，抖得越厉害越响越好，说明伏虎祖师越高兴，就越吉利。

民间特殊节庆民俗

连城莒溪"出初六" 连城县莒溪农历正月"出初六"，"三太祖师"巡游。由24位青壮年手持神铳鸣放，紧接着锣鼓队、二十四把"万民伞"、一百面彩旗、"三太祖师"轿、十番鼓乐队，摆着观音、八仙、玉雕、翡翠杯等各类艺术品的十余张古董桌、二十多台小花轿上坐着小孩饰演各种古今人物的古事等。压阵的是大小黄狮、青狮，在鼓乐声中边走边舞。

龙岩苏邦"建幡"　龙岩新罗苏邦村"建幡"已延续400余年。圩场"公王寮"前竖起高高的"灯竹""刀梯",举办舞龙、舞狮、跳《采茶灯》等活动。下午"建幡"时,师爷爬上高高的"蕃竹""刀梯"顶端,口中念念有词,并不断往地面撒神符、筷子、钱币,围观民众哄抢,以接得多者为吉利。

漳平永福"妈祖姑婆节"　漳平永福镇每年农历三月二十一至二十三日都举行"妈祖姑婆节"。按境内三条河流沿岸村庄轮流做东,共祭三天。抬着妈祖各村巡游,演汉剧、芗剧。二十三日主祭,举办大型踩街活动,有游龙、竹马队、舞狮队等。游龙长几百米,每节龙身上端坐古装儿童,浩浩荡荡游遍永福大街小巷和沿河村庄,观众达数万人。

漳平"妈祖姑婆节"

永定陈东"四月八" 永定陈东乡有个有几百年传统、历时三天、比春节还隆重的民俗节日"四月八"。主要活动是恭迎纪念东晋谢安的广圣殿中的诸神游村。100多名手持"三把连"土铳和"肃静""回避"牌匾的壮汉打头阵,随后一尊神一支仪仗队,称为一"坊",有横标、神轿、100多面三角龙旗、近20人的锣鼓队及舞狮、舞龙、腰鼓、彩车古事队等。尤其是20余辆各"坊"的彩车争奇斗艳。人抬车载着古装人物,游行者总数不下3000人,队伍长达一二公里,一路锣鼓喧天、铳声撼地。

长汀三洲"菩萨洗浴" 长汀三洲乡有个六月半"三太祖师"庙会。活动形式、内容与其他地方菩萨巡游相似,唯风格独特的"菩萨洗浴"极为罕见。当浩浩荡荡的巡游结束、"三太祖师"抬回佛堂后,早就等候在此的一批后生抱起三尊菩萨朝河边疾跑,把三尊菩萨全扔到河里,然后自己跳进河中给一尊尊菩萨洗澡。洗净后又一尊一尊送到上游丢进河中,让菩萨顺流漂下,后生们在下游接住,然后又送到上游再让它漂下,如此反复多次后才将菩萨擦干并以红布包好恭送回佛堂。

永定湖坑"做大福" 永定湖坑镇的李姓有三年一次在农历九月十一至十六日举办著名的"做大福",进行迎神、演戏等活动习俗。先在空地搭建雕梁画栋宫殿式神厂,神厂前筑一巨型牌楼作大门,戏台与神厂相对,前面广场可容万人,叫"大福场"。农历九月十一日人人吃斋、沐浴、换上新衣,到"大福场"摆香案。案桌上按房族轮流每天上一供,摆满塔形、方形、圆形造型的各式糖果、糕饼等,百余案桌连成一大片，十分壮观。农历九月十一日1.5公里长的迎神队伍迎保生大帝等到大福场。队伍中有神轿十余顶，古事八九台，鼓吹班十多个，十多米高的大龙旗两百多面，中小旗一百多面，还有舞狮、八音和木雕的大刀、长矛、狮、虎、龙、马、麒麟等，以及"文渊阁大学士""肃静""回避""正堂"等数十个牌匾。数以百计的土铳不断鸣放，浓烟滚滚，地动山摇。看热闹者数以万计。十六日为"送神回宫日"，与迎神一样隆重，只是神轿向后转，菩萨却仍面向大福场，似诸神在轿里向人们告别。

客家"做大福"（何人　摄）

龙岩适中"盂兰盆盛会"　龙岩适中"盂兰盆会"据传始于1444年，已有560余年历史，是纪念东晋谢安的民俗活动。盂兰盆会有三大特点：一是活动时间在每年的"下元"（农历十月十五日），俗称"十月半"；二是十年举办一次，一次连办三年，每次为期半个月；三是盛会有最高主神"正顺圣王公"。他非佛非道,是适中先民共同的精神化身。盛会期间"圣王公"被抬到四大姓(陈、林、赖、谢)的行台出巡,各姓隆重接迎,并在本"行台"的聚会上重温乡规民约,主动抛弃前嫌。其间全乡斋戒。踩街时各式彩旗、腰鼓、龙灯、竹马灯、采茶灯和八十面锣鼓方队及十多辆彩车巡游。游行中最具特色的是"大台戏"。车载或数十壮汉抬着一个木制平台,台高2.9丈,台后侧高矗类似风帆的屏障,呈S形,上装铜镜,绘有五彩祥云、鹤鹿、灵芝、花草等。屏障下坐八名古装儿童一起巡游。

龙岩适中"盂兰盆盛会"(何志溪 摄)

3 民间文艺

国家级非物质文化遗产

龙岩采茶灯 采茶灯又名"采茶扑蝶",流行于龙岩及

其附近县的城乡，已有150多年历史。早期的采茶灯融说
唱、戏曲、舞蹈为一体，戏味较浓。龙岩群众视采茶灯为
吉祥歌舞，多在农历新年、元宵及庙会、踩街和喜庆活动
时表演。传统采茶灯中独具风采的是茶公、茶婆。新中国
成立后采茶灯加工改名为"采茶扑蝶"，成为纯粹歌舞，
茶童操蝶翔舞，情趣盎然。曾参加"世界青年联欢节"并
获奖。2009年在龙岩人民广场举行了"万人跳采茶灯"节
目，被授予"大世界吉尼斯之最"证书。

龙岩采茶灯（85岁老艺人温七九跳"茶婆"）（何志溪 摄）

客家十番音乐 称为"十番"是因为乐队演奏二胡、
竹笛、唢呐等管弦乐器及板、鼓、锣、钹等十余件打击乐
器。乐队组合可七八人，也可十五六人。曲调总数曾多达
1000余首，但多已失传，全今流传下来的不到300首；曾
在闽西城乡深得群众喜爱，不论城乡几乎都有十番班社。

20 世纪 50 年代初"上杭县民间音乐小组"演奏的《高山流水》被选赴京演奏并获奖。

上杭中都十番乐队演奏（何志溪 摄）

长汀公嫲吹　"公嫲吹"俗称"公嫲子"，是两种特制的唢呐在演奏时相互配合，"嫲吹"唢呐短而窄，"公吹"长而宽。公吹的旋律称为"雄句"，"嫲吹"的对置曲调称为"雌句"。"公""嫲"乐句互相衔接。演奏时"公吹"带路，"嫲吹"在一定的音节上接上。一般以"公吹""嫲吹"两唢呐为主奏，其他乐器伴奏。两把唢呐相差八度，一问一答，整个演奏变化多端，特色鲜明。

省级非物质文化遗产及特色文化遗存

武平中湍民间绝艺　武平中湍村农民在每年农历的十月半表演"赤脚上刀梯""赤脚踩火海""空手捞油锅""空手拧香火""徒步过锥床"等民间绝技，观者上万。从流传的情况看，该绝艺应属当地畲、瑶等族文化的遗响。

赤脚上刀梯（何志溪 摄）

　　龙岩山歌戏　是新中国成立后在闽西山歌和民间歌舞基础上发展而成的新兴剧种，用闽南方言演唱。该剧流行于新罗区、漳平市的城乡及其毗邻地区，是龙岩市重要的地方剧种。山歌是民间文学宝库中的一颗明珠。龙岩山歌用来反映人民自己的生活和劳动，抒发喜忧哀乐之情，内容不拘，直抒胸臆，形式自由活泼,男唱女对,即兴创作,顺口成章。它用当地方言演唱,极富生活气息。它多从现实生活中撷取题材,且以小戏为主,剧目清新、明快,以其浓郁的乡土气息和民歌风格赢得观众的喜爱。龙岩山歌在福建省内享有颇高知名度,代表性剧目有《补箩记》《葵花向阳》《双喜临门》《茶花娶新郎》《故人》等。

民间说唱 主要是竹板歌说唱。是一种有特定唱词、特定曲调、篇幅较长的民间吟唱形式。句式段数自由,可伴奏也可无伴奏清唱。演唱时以击打四五片竹板作伴奏,由单人或双人演唱。竹板长约五寸,有"夹板""敲板""锯板""摇板""联珠""刮奏""单击"等打法。演唱的内容是不同历史阶段闽西人思想文化观念、审美情趣与追求的生动体现。有的是祝贺吉利或慨叹人生艰辛的单首歌词;有的则是长篇叙事歌,类似评话,以唱为主偶带夹白,说唱有人物、有情节的长篇叙事故事如《孟姜女》《梁四珍与赵玉麟》《十里亭》等,有时在群众家的厅堂演唱几天几夜,听者如痴如醉。

鼓吹音乐 又称鼓手班、鼓吹班,是闽西民间最为流行的民间器乐演奏形式。用唢呐和打击乐器主奏的为"大吹",用笛子和弦乐器主奏的为"小吹"。民间婚丧寿庆、迎神赛会等都常有鼓手班演奏。曲调有600多种,至今还流传的约70套,经常演奏的为八大套曲。演奏汉剧曲调时可由演奏者直接演唱汉剧唱腔、道白,也可用唢呐模仿剧中生、旦、丑、净、末的声腔,甚至可模仿对白、问答、喊叫、说笑、哭闹等,声情并茂、生动诙谐,很受听众喜爱。

龙岩饶平吹 旧时龙岩县乡村都有饶平吹班子。这是一种从广东饶平传承过来的以唢呐和打击乐器演奏的喜庆音乐。曲牌有三四十首，常用的有二十余种，主奏乐器有唢呐、钟、鼓、钹、苏锣等。演奏时根据唢呐大小不同，分为大北吹（大唢呐）、小北吹（中唢呐）和草吹（小唢呐）三种。现存仅第一种。演奏起来气势磅礴，气氛热烈。有立奏、坐奏、行奏三种。民间红白喜事、迎神赛会甚至新婚闹洞房等，多有聘请饶平吹营造气氛的。

民间锣鼓经 特色浓郁，积淀深厚。分三大类：一是"单纯锣鼓"，如"舞狮锣鼓""龙灯锣鼓""五色锣鼓""高腔木偶戏锣鼓"等；二是和管弦乐配合但独立于管弦乐之外、起伴奏作用的"伴奏锣鼓"，如"采茶灯锣鼓""船灯锣鼓"等；三是锣鼓和管弦乐同步演奏的"综合锣鼓"，如《饶平吹》《吹鼓手》等。

舞狮 闽西舞狮分单狮和双狮两种。双狮需二人舞，分别操作狮头、狮尾，狮身只是一块长条形布，造型似狮头蛇身，颇为独特。逗狮者戴面具称"大面"，另有红面猴、青面猴和驼背，均戴面具做猴状，按一固定故事情节表演；"单狮"又称"青草狮""五金魁"，整只狮子由一人舞，腾挪蹦越在层叠起来的二三张方桌上，下有猴子、大面、驼背配舞，技巧颇高。两种舞狮结束后，均紧接着表演各种拳术和刀枪棍戟等武术，均有打击乐队伴奏。其中最著名的是上杭中都镇的"女子舞狮队"，表演的武术称为"五梅拳"，被列入省级非物质文化遗产，主要表演骨干于 1985 年参加首届全国农运会，获得金奖。

杂艺绝技

木偶书法 连城县木偶戏艺术家李明卿靠几十根丝线提着近一米高、七斤多重的木偶书写的客家木偶书法，被海外媒体誉为"世界首创、神州一绝"，被授予"大世界吉尼斯之最"证书。他应邀赴全国十余省市和电视台演出、参赛，多次获奖。后又将其发展成"木偶拉琴"，准确演奏京胡，在全国木偶赛中获金奖，并先后赴海外诸多国家演出。

一心多用吹打乐 永定杂艺表演艺术家李福渊能同时嘴吹口琴、手拉二胡和脚弹扬琴，能"反弹扬琴"，能手脚并用同时敲打锣、鼓、钹等九件打击乐器，能在手、肩、头点 12 支蜡烛同时脚弹扬琴、口吹唢呐、手拉二胡演奏乐曲，能身背鼓、锣、钹等五件打击乐器击打，同时口吹唢呐、脚弹扬琴演奏乐曲；能同时手拉二胡、口吹树叶、脚弹扬琴演奏，最有名的是他表演的手弹扬琴奏一种曲子，同时口吹树叶演奏另一首曲子的"一心两用演奏"等。他先后 20 余次到中央电视台及各省电视台演出，还多次应邀赴澎湖、金门、香港和新加坡等地演出。

树叶竹板演奏 由龙岩树叶吹奏和竹板演奏艺术家詹晶晶首创，将竹板歌及打竹板技巧和树叶吹奏结合起来，演奏各种乐曲。他曾多次应邀进京表演，能以树叶吹奏出颤音、滑音、连音及昆虫、小鸟、家禽的鸣叫声；能以塑料袋、糖果纸、照片胶卷等不同的材质，吹奏出不同音色、不同风格的乐曲。除了曾在京、沪、渝、川、粤、赣等省市演奏外，还先后到台北、金门、香港、澳门等地及新加坡、法国、德国、意大利、奥地利、荷兰等国演出。

杂片吹奏　永定县杂艺表演艺术家阮宏昌除能表演树叶吹奏之外，还能以照相胶卷、糖果塑纸袋、名片、雨伞边、易拉罐、花瓣、树叶、绸布条、绢花、牛皮甚至衬衫衣角等吹奏出各种不同风格的乐曲。被授予"大世界吉尼斯之最·薄片材料吹奏数量之最"证书，后又刻苦首创了"吹牛皮"——以牛皮吹奏各种乐曲的绝艺，多次在全国各地演出并获奖。

4　传统美食

福建省级非物质文化遗产

连城地瓜干　是连城传统地方特色产品，位居"闽西八大干"之首，早在清朝乾隆年间已成"贡品"进入皇宫，被御内大厨誉为"金薯片"。它以在连城特有的山区气候和土壤条件下生产的红心地瓜为原料，整块蒸熟后，去皮、压制、烘烤制作而成，颜色黄中透红，味道清香甜美，质地松软耐嚼；富含膳食纤维、赖氨酸、粗蛋白、胡萝卜素、维生素等多种营养成分，保藏数年后仍保持原有的色香味，既可当零食，也可作为酒席名菜。连城地瓜干被认定为中国驰名商标，其产地被列入联合国南南合作网示范基地，产品内销全国300多个大中城市，外销亚欧美数十个国家和地区，连城全县一半农民直接从事地瓜产业，年产值近10亿元。形成"十万农民种地瓜，两万农户搞加工，百家公司忙营销，一条地瓜富半县"的产业格局。

龙岩沉缸酒　已有200多年历史。是一种特甜黄酒，酒精度为14%～16%，总糖量可达22.5%～25%。酿法集我国黄酒酿造的各项传统精湛技术于一体。按比例加进的酒曲多达4种，并加入30多味中药材。酿造时，加入药曲、散曲和白曲，先酿成甜酒娘，然后分别投入五龙红曲及特制的白米酒，长期陈酿。再两次将小曲米酒投入酒醅，历时多年，让酒醅三沉三浮，最后沉入缸底，故谓沉缸酒。沉缸酒不加糖而甘甜醇厚、不着色而呈透明红褐色、不调香而有浓郁醇香。它具有内在独特性：其一，精选糯米，剔除杂粮，专用清泉，配上特制酒曲和多种中药材酿造而成；其二，酒精度偏低，性气平和，内含18种人体所必需的氨基酸和多种维生素，营养丰富，健身除病；其三，色似琥珀，味如琼浆，醇厚适口，留香绵长，被誉为酒中珍品。在全国酒类评比中连连夺冠，已十次荣获国家名酒金奖。

龙岩盐酥花生　以体小粒饱满的龙岩"百日子"花生制成，是龙岩新罗的传统产品，以酥、脆、香闻名。色泽美观，皮薄易剥，粒大肉满，盐分适中，香脆可口，既可佐酒，也可配茶；含有脂肪、核黄素、卵磷脂、胆碱、钙、磷、不饱和脂肪酸、蛋氨酸以及多种维生素，还具有健脾和胃、润肺化痰、滋养调气、清咽止痛等功效，颇受广大群众和东南亚华侨、港澳同胞的喜爱。加工方法分湿焙和干焙两种。湿焙是将鲜花生洗去泥土，加上一定比例的食盐，经煮、晒干后，用文火烘焙而成。其特点是仁膜白色，酥脆可口。干焙则是将花生晒干后加入一定比例的食盐，放入锅内煮熟，晒干后用文火烘焙。其特点是仁膜褐色，酥、脆、香，脂味较淡，回味较少。其加工技术的关键是精选饱满的花生做原料，加工的盐量适度，烘焙温度不宜过高或过低。如今已成为新罗农业的一大产业。

其他传统特色美食

闽西民间特色美食博采众长、品种繁多，主、杂、荤、素皆有，煎、炒、蒸、煮、焖、烤、涮、炸齐全，形成独特菜系。一般喜"鲜"不爱辛辣腥臭。特喜"药膳"，即以滋补中草药蒸肉吃，如陈皮鸭、玄参舌、天麻兔、杜仲腰、当归鞭、川贝脑等。甚至喜药膳治病，如脚痛以草药蒸猪脚，肚痛以猪肚煲胡椒，咳嗽以杏仁百合蒸猪肺，头晕食猪脑，贫血食猪血之类。"食补"中强调"暖补"和"去伤"，这与过去闽西山高水冷、农耕辛劳有关。还讲究气候节令，如夏食鸭母冬食狗。同是食鱼，讲究冬春焖炸、夏秋蒸煮等。

连城九门头 又称"涮九品"，尤享盛誉，是以凌晨刚宰黄牛身上的肚尖、脊肉、舌锋、心冠、腰壁等九个最脆嫩部位，以精细刀功切片，然后将以米酒煮香藤根、鸭香草等而成的汤汁倒入火锅中，再在火锅中边涮边蘸酱、醋、姜汁、花椒等佐料享用，独具风味，是药、膳兼济的佳肴。

白斩河田鸡 是将以脆、爽、嫩、滑闻名于世的河田鸡，经清水煮熟后白斩，再以盐、蒜仁、米酒、姜汁舂压的汁液蘸着吃。

麒麟脱胎 是把山参放入白鸽肚内，白鸽放入小狗肚内，小狗放入猪肚中清蒸而成。

扣肉　是以肥瘦间杂的猪肉煮熟油炸后，再配以永定菜干清蒸而成。

上杭鱼白　以鱼肉、肥猪肉、蛋清、荸荠、葱白、地瓜粉等打成泥后，以猪网油卷成圆筒蒸熟而成。

冬瓜盅　是在冬瓜内塞进小母鸡后清蒸而成。

漾豆腐　是在豆腐块上戳一小窟，填入事先准备好的瘦肉、香菇等剁成的肉酱，油炸后再以骨头汤焖熟而成。

民间的宴请，粗席以"八大碗"为标准。"八大碗"是酱焖猪肉、白斩鸡、红烧鱼、炖猪肚、莲子汤、八宝饭、薯粉粄、玉粉和猪肝粉肠汤。细席应有四大衬、八大盘、四点心加甜汤结尾。"四大衬"是炒肉片、炒鱼片、烧肝花、炒三丝。"八大盘"如上。讲究上菜有序，最后是甜食甜汤。

闽西客家八大干　闻名于世，其中"长汀豆腐干"是以酸浆豆腐加以各种配料精工压制而成；"宁化老鼠干"是将立冬后的田鼠杀好后以谷壳或米糠熏烤成酱黄色而成，不仅味美，且能药用如补肾等；"上杭萝卜干"以冬至前后的上杭萝卜经晒、腌、藏三道复杂工序，最后以黄泥封瓮半年而成；"永定菜干"有甜菜干、酸菜干两种，以鲜嫩芥菜三蒸三晒而成；"武平猪胆干"以含猪胆的猪肝浸在盐、酒、香料及一些中药汁中，然后吊晒整形而成；"连城地瓜干"以当地红心地瓜蒸熟去皮后压制烘烤而成；"清流笋干"是以当地刚出土的春笋尖晒制的；"明溪肉脯干"是以精瘦牛肉浸腌在盐、糖、酱油及各种香料中再晾干熏烤而成。

　　龙岩、漳平人无汤不吃饭，有牛腩萝卜汤、苦抓（败将草）猪大肠汤、冬瓜水鸭汤、寸金薯水鸭汤、杏仁百合猪肺汤、莲藕骨头汤、绿豆小肠汤、当归黄芪鸡汤、生地土茯排骨汤等。宴席不能无烊鱼、什锦。烊鱼：用五花肉、葱头、虾肉、香菇等，以蛋调匀，做成圆饼状，经油炸而成。吃时垫上豆芽或菜花，浇上香菇肉丝汤。什锦：又称食锦、甜什锦，用白糖面饼、冬瓜糖、肥肉丁、油葱、花生米、山桔、白糖等拌好，用蛋皮卷成，蒸熟切块装盘供食。酥肉：选用肥猪肉切成寸条状炸酥后，渍以面粉白糖滚拌，待冷却后即成。漳平人则以米浆粿、香焖鸡、萝卜糕、手抓骨百艾果、大肠粽、小米圆、香五角、石菇番鸭汤、公鸡猪脚酒、山茶油油炸粿、鸡肚鳖汤、干煸魔芋、宁洋风鸭及畲乡红米饭等特色菜最为著名。

　　闽西风味小吃也远近闻名。如汀州烧馒、上杭灯盏糕、长汀鸡肠面、永定芋子包、上杭肉夹子、下洋牛肉丸、上杭城关兜汤、上杭油炸饺、连城新泉豆腐溪鱼、武平簸箕粄、上杭中都泮糕及仙人冻、印子粄、滚筒米粿等等，都是令人入口难忘的绝佳小点。

　　近年还进行了闽西"八大珍""八大鲜"的评选，被评为闽西"八大珍"的是：漳平水仙茶、武平绿茶、武平金线莲、龙岩咸酥花生、永定万应茶、冠豸山铁皮石斛、龙岩山茶油、上杭晚蜜柚；被评为闽西"八大鲜"的是：河田鸡、连城白鸭、上杭槐猪、通贤乌兔、永定牛肉丸、龙岩蜂蜜、汀江大刺鳅、漳平毛蟹。

六　著名人物

1 古代文武英士

刘棠（生卒年不详）　字君美，号万章，北宋枢密院编修。福建龙岩和睦里（今漳平新桥）人。哲宗庚午年（1090）乡试名列榜首，并由开封府送京应试。次年中进士。授枢密院编修，编成哲宗御书。后任利州路提举学事，旋提举两浙常平。刘棠有文才，他的 3 篇文章《纲举而网疏赋》《舜不穷其民论》《劝农孔孟二策》被推崇为考场范文。尤工词赋，同陈傅并称为"漳岩赋虎"。旧志誉之为"开一邑文教之先"。

王源（1376～1455）　原名王原楚，字启泽，号韦庵。闽王王审知后裔。龙岩县（今新罗区）西陂排头人。永乐二年（1404）进士，历任河北深泽知县、左春坊司左直郎、上海松江同知、广东潮州知府等职。他爱民如子，勤政清廉，《明史》收录了他的生平。后人陈白沙认为他治潮的功绩可与韩愈媲美。作《龙岩洞记》闻名于世。

马驯（1421～1496） 字德良，长汀四堡（现龙岩连城县四堡乡）人，自幼聪慧，"试辄前列"，20岁中第4名举人，明正统十年（1445）24岁时中进士，30岁任户部主事，38岁提升为户部郎中，奉命督运粮草，悉心筹划，省运输费三分之一。后升任四川左参政，恰逢四川民变，他核查出已征未用粮数百万斛，以供军饷。成化十七年（1481），以都察院左都御史巡抚湖广。恰逢关中重灾，大批饥民流亡湖广，他立即赈济和平粜，无数饥民得救。马驯从政三十五载，功绩卓著，自部员累官都宪，封政议大夫，长汀人称"马都堂"。

王见川（1703～1770） 字道存，号畜斋，别号介石，永定县仙师乡锦丰村人。雍正十年（1732）乡试中举，次年联捷进士。乾隆元年（1736）参加殿试，入选翰林院庶吉士。乾隆七年（1742）被任命为安徽歙县知县。任期未满辞职回家，从此不再出仕，而致力于桑梓的文化教育等各项建设。一是编纂乾隆《永定县志》，后人赞誉其"纪事核实，叙次详明"。二是创建"汲古文会"、重建高陂桥，其为高陂桥撰写的对联"一道飞虹，人在青云路上；半轮明月，家藏丹桂宫中"，200余年来广为传诵。三是创建丽泽（正）文馆，改建凤山书院，成为永定县最大最完善的学府。

魏茂林（生卒年月不详） 字宾门，号笛生（晚年自号兰怀老人），新罗区人。清乾隆末年生，少时随家侨居江苏如皋。清嘉庆十四年（1809）进士，授内阁中书，累迁至刑部，先后任乡试副考官一次、会试同考官三次，两次京察均获一等。道光十二年（1832）始，出任河间保定知府、通永河道道台等职。后因病辞休，侨居江苏泰州，闭门著书，致力文字学、音韵学、训诂学研究，与段玉裁、苗夔齐名。著有《骈雅训纂》《同馆诗赋解题》《覃雅广腋》《天部类腋》《天部二十九闻》等，刊行于世。

王命睿（1575～1653） 新罗区西陂镇人。官至刑部尚书，奉正二品禄。王命睿为官清正，在任直隶钦差大臣巡视安康、延安、河北等地时，严厉处理陕西茶马盐税和兵备、减免河北地方税赋、弹劾福建贪官高案等。任广东巡按时，熟知百姓疾苦，采取广积粮，禁粮外流，从省库中拨出专款，置办义仓以备赈灾。为保边疆防备海岛外患，他增设澳门参将处，增调兵员加强澳门守备，制定外船进入广州贸易法。王命睿才学过人，出口成章，著有《新会县志》、《龙岩县志》、《王虞石史论》三十卷、《静观寓诗集》十二卷等。1646 年清朝入主中原，他在万安避居时，写下很多反清复明的文章，辞世时立下遗嘱：头不顶清朝天，口不食清朝粮，脚不踩清朝地。出殡时，万安大高畲圆通寺住持觉慧禅师将其棺木用铁棍撑起，至于岩洞中，以遂其民族气节夙愿。

上官周（1665～1750） 长汀县南山镇官坊人，字文佐，号竹庄，清代著名画家，终生为布衣。其自幼聪颖，治艺勤奋，学识渊博，擅长诗文、书法、篆刻，尤精于画，是清代著名民间画家。著有《晚笑堂诗集》，79 岁完成传世之作《晚笑堂画传》，后又作《台阁风声图》。

华嵒（1682～1756）　　原名德嵩，字秋岳，号新罗山人，上杭县白砂里华家村人。自幼酷爱绘画，备受世俗冷落，遂发奋自强，流寓于扬州、杭州，结交了很多文人学士，成为一代著名画家、诗人，善诗、书、画，时称"三绝"。遗诗 600 余首，有《离垢集》。36 岁时曾北上入都，"得交当路巨公，名闻于上"，据戴熙《习苦斋画絮》载："华秋岳自奇其画，游京师无问者。一日有售赝画者，其裹华笔也，华见而太息出都。"他的中晚年一直频繁往来于杭州、扬州之间，以卖画为生。在扬州他结识了金农、高翔、李鱓、郑板桥及盐商巨子马曰琯、马曰璐兄弟，彼此交流切磋，诗画酬答，使其绘画修养得到多方面的拓展，成为"扬州八怪"画派的代表人物之一。

刘国轩（1629～1693）　　字观光，长汀县四都镇溪口村人，清朝重要的军事将领。刘国轩早年即以智略闻名乡里。1646 年清军攻入福建，刘国轩因家庭变故往投清军，先任漳州城池一门卒，后来升任守备千总，把守漳州北门。1654 年投到延平王郑成功门下，参与顺治十六年（1659）围攻南京之战、顺治十八年（1661）收复台湾等战役。1669 年刘国轩作为郑经的管镇兵，后来担任了左、右武卫，与陈永华、冯锡范鼎足而立，后郑经以刘国轩战功屡著，封其为武平伯、征北将军。郑克塽继位后晋封他为武平侯。至此，台湾的政事由冯锡范做主，军事由刘国轩掌握，刘国轩成为郑

氏政权的顶梁柱。清康熙二十二年（1683）在澎湖海战中
担任统帅，被施琅击败。同年八月，刘国轩在说服郑克塽和
群僚后，即令修表归顺清朝中央政府，实现了台湾与祖国大
陆的统一。康熙帝褒奖他归顺有功，授他为太子少保、天津
卫总兵，委以扼守京畿门户重任。刘国轩在天津任上，兴修
水利，奖励农桑，提倡文教。康熙三十二年（1693）刘国
轩在天津病逝，终年65岁，康熙帝追赠其为光禄大夫，赐
葬顺天府苏家口。

丁锦堂（1846～1902）　　字笏初，号福三。上杭县临江
镇人。同治九年（1870），以捐纳武监生参加福建乡试。在武
科各项考试中大显身手，中举。次年，他赴京参加会试，兵部
以第六名进士录选，经殿试，钦点为一甲状元及第。古有
"武不过江（长江）"的传统，而丁锦堂夺得武魁名震天下，
故有"过江武状元"的美誉。

钦点状元后，朝廷按例给假让其荣归省亲。途经官庄乡回
龙村，适逢该村兴建石拱桥，他欣然应请挥毫写下桥名，并捐
助边银50元。至今拱桥石刻"回龙桥"犹在。桥头亭内，立
有捐款碑刻，"新科状元丁笏初助边银五十元正"刻列碑首。
随后又建造"状元府"拱门，门屏正中上方横挂鎏金"武魁"
大匾。同治十二年（1873），同治帝大婚，特命他参加迎亲仪
仗队，赏赐黄马褂在御前骑马护卫。光绪元年（1875），授他
振威将军衔，任广东南澳游击，代理镇守总兵官。光绪十七年
（1891），升任广西郁林营参将。

2　民国商界英华

胡文虎（1882～1954）　　祖籍福建省永定县金丰里（现下洋镇）中川村。在永安堂国药行濒临倒闭之际，他对中国中草药进行大改革，研制生产虎标牌万金油等系列成药，除在仰光老行和新加坡总行外，还在曼谷、吧城、槟榔屿、棉兰、泗水等地设了分行，在国内各大城市设立分行，成为闻名于世的"万金油大王"。鼎盛时期胡氏永安堂最高年产值可达叻币（马来西亚、新加坡、文莱货币）1.2亿元（约值黄金1000万两），胡文虎是当时华人首富，著名客家领袖，誉满中外的大企业家、大慈善家。在中华民族处在生死存亡关头的抗日战争时期，胡文虎为国共两党抗日大业捐赠的财物达数千万元之巨，成为全国之最。胡文虎还是一位著名的民国报人，是至今还畅销世界的星系（《星岛日报》《星洲日报》等）华文报纸的创办人。

3　红色革命英豪

邓子恢（1896～1972）　　新罗区东肖人，在五四运动中受到革命洗礼，创办进步刊物《岩声》。1926年加入中国共产党。1928年与张鼎丞等以福建省西部永定县的溪南区、上杭县的蛟洋区，以及龙岩县的白土区、漳州的平和县为重点，发动了震惊中外的"闽西四大暴动"，进行土地革命，建立苏维埃政权。1929 年 7 月在毛泽东指导下，主持召开中共闽西第一次代表大会，并当选为中共闽西特委书记。1930 年 3 月 18 日主持召开闽西第一次工农兵代表大会，当选为闽西苏维埃政府主席。1931 年 11 月当选为中华苏维埃共和国临时中央政府财政部长，并兼任代理土地部长、国民经济部长。红军长征后与张鼎丞、谭震林、方方等一起组建闽西南军政委员会，领导艰苦卓绝的三年游击战争。

1938 年 1 月任新四军政治部副主任，率领新四军二支队北上抗日。1941 年皖南事变后，任新四军政治部主任、第四师政委兼淮北区党委书记。1945 年在中共"七大"上，当选为中央委员，中共中央华中分局书记兼华中军区政委。1948 年 5 月 9 日任中原局第三书记兼中原军区副政委。1948 年当选为中原临时人民政府主席。

1952 年 10 月任中共中央农村工作部部长。1954 年 9 月，任国务院副总理。1965 年 1 月当选为政协第四届全国委员会副主席。1972 年 12 月 10 日在北京逝世。邓子恢是伟大的共产主义战士，杰出的无产阶级革命家、政治家，农业工作的卓越领导人，闽西革命根据地的主要创始人之一。

张鼎丞（1898～1981） 永定县金砂人。1927 年加入中国共产党。1928 年 7 月他和邓子恢发动永定暴动，建立闽西第一个工农红军营，他任营长，邓子恢任党代表，并率先在永定溪南区 13 个乡进行土地革命和建立区、乡苏维埃政府。

1932 年 3 月，福建省第一次工农兵代表大会在汀州召开，张鼎丞当选为福建省苏维埃政府主席。红军长征后他与邓子恢、谭震林等成立闽西南军政委员会并任主席。面对十多万国民党正规军和民团的残酷"围剿"，他与邓子恢、谭震林等人领导了艰苦卓绝的三年游击战争。

抗日战争时期，张鼎丞任中共闽粤边省委书记、新四军第二支队司令员、中共中央党校第二部主任。1945年4月，参加中共第七次全国代表大会，当选为中央委员。解放战争时期，先后担任华中军区司令员、中共中央华东局常委兼组织部长。新中国成立以后，任中共福建省委书记兼省人民政府主席、省军区政委，中共中央华东局第四书记，华东行政委员会副主席兼政法委员会主任。1954年初，调任中共中央组织部代理部长。同年9月，在第一届全国人民代表大会上当选为最高人民检察院检察长。在中国共产党第八届、第九届、第十届、第十一届代表大会上，当选为中央委员。在第四届和第五届全国人民代表大会上，当选为全国人民代表大会常务委员会副委员长。张鼎丞是中国共产党的优秀党员，忠诚的共产主义战士，久经考验的无产阶级革命家，闽西革命根据地的主要创始人之一。

陈丕显（1916 - 1995）　上杭县南阳人。1929年加入中国共产主义青年团，1931年转为中国共产党党员。历任乡儿童大队长、上杭县儿童局书记、福建省少先队训练部部长、福建省儿童局书记、共青团中央儿童局书记、共青团赣南省委书记。同项英、陈毅一起领导了赣粤边三年游击战争。

抗日战争和解放战争时期，陈丕显历任新四军华中指挥部政委、华中工委书记，苏北军区政委，华中野战军第七纵队政委，苏北兵团、苏南区党委书记，苏南军区政委。1952年3月先后任中共上海市委第四书记、第二书记、书记处书记，1965年11月起任中共上海市委第一书记。"文革"后复出，先后任中共云南省委书记、省革委会副主任，1978年8月任中共湖北省委第一书记、省革委会主任、省人大常委会主任、武汉军区政委等职。

1982年9月召开的党的十二届一中全会上，陈丕显当选为中共中央书记处书记、中央政法委员会书记、中央保密委员会主任、第六届全国人大常委会副委员长。陈丕显是中共第八届中央候补委员，第十一届、第十二届中央委员，中共中央顾问委员会常务委员，是中国共产党优秀党员，久经考验的忠诚的共产主义战士，无产阶级革命家。

杨成武（1914～2004） 长汀县宣城人。1929年1月参加了长汀县古城地方武装暴动。1931年任红四军第十二师秘书、连政委、教导大队政委。二万五千里长征时任长征先锋团——红一军团二师四团政委，指挥飞夺泸定桥、巧渡金沙江、草地探路、智取腊子口等，为中央红军的长征胜利立下了不朽功勋。

抗日战争中先后任红一师师长、八路军第一一五师独立团团长，晋察冀军区第一军分区司令员兼政委，冀中军区司令员等。率领部队参加了平型关战役、百团大战等，在黄土岭战斗中率部击毙了日军统帅阿部规秀中将，这是日军发动侵华战争以来丧失的第一个高级将领。解放战争中，杨成武先后任晋察冀军区第三纵队司令员、第三兵团司令员、第二十兵团司令员等。

新中国成立后，杨成武任天津警备区司令员，京津卫戍区
副司令员、司令员。1950 年杨成武任中国人民志愿军第二十
兵团司令员，率部参加了朝鲜东线的夏、秋季防御作战，创造
了朝鲜战场月歼敌的最高纪录。1958 年杨成武参与组织指挥
了炮击金门战役；1959 年参与组织了西藏平叛作战；参与组
织了 1960～1961 年中缅勘界警卫作战；参与组织了 1962 年中
印边境自卫反击作战和 20 世纪 60 年代中期开始的抗美援越战
争。1955 年被授予上将军衔，荣获一级八一勋章、一级独立
自由勋章和一级解放勋章，1988 年荣获一级红星功勋荣誉章。
是中共第十一届、十二届中央委员。

杨成武一生身经百战，智勇双全，能征善战，功勋卓著，
是我军的著名将领。新中国成立以后，历任副总参谋长、常务
副总参谋长、第一副总参谋长、军委副秘书长、代总参谋长、
军委常委等职，为推进人民军队的革命化、现代化、正规化建
设，为保卫我国领土、领空、领海安全，为加强总参谋部的建
设，做出了重要贡献。杨成武是中国共产党的优秀党员，共产
主义战士，无产阶级革命家、军事家。

刘亚楼（1910～1965） 武平县湘店人。1929 年 8 月加
入中国共产党，率"铁血团"参加张涤心等人领导的小澜农
民暴动后，被选送到红四军随营学校学习。毕业后，历任红十
二军第三纵队第一营第二连连长，第一营营长兼政委，红四军
第十二师第三十五团政委，红二师政委。参加中央苏区一至五
次反"围剿"战争和二万五千里长征，长征中指挥红一军团

第二师,取得强渡乌江、飞夺泸定桥等光辉战绩。

抗战时期,刘亚楼任中国人民抗日军政大学训练部部长、教育长。1939年入苏联伏龙芝军事学院学习。苏德战争爆发后,加入苏军参加了苏联卫国战争。解放战争时期,任东北民主联军参谋长,协助总部首长部署和指挥了三下江南、四保临江战役。1948年1月刘亚楼任东北野战军和东北军区参谋长,辽沈战役期间,积极协助林彪、罗荣桓指挥部队连续作战52天,全歼国民党军47万余人,解放了东北全境。1949年1月,任平津前线司令部参谋长兼天津前线总指挥,指挥了天津攻坚战役,创造了29小时结束战斗、全歼守军13万人的攻坚战奇迹。1949年3月任第四野战军第十四兵团司令员。1949年7月奉中央和军委命令创建人民空军,任中国人民解放军第一任空军司令员、党委书记。1955年被授予上将军衔,获一级八一勋章、一级独立自由勋章、一级解放勋章。1959年任国防部副部长兼国防部第五研究院院长、国防科学技术委员会副主任。为中共第八届中央委员,第一、二、三届国防委员会委员。刘亚楼是无产阶级革命家、军事战略家,因创建新中国空军被誉为"中国空军之父"。

刘忠(1904~2002) 上杭县才溪村人。1929年参加中国工农红军,同年加入中国共产党。土地革命战争时期,历任上杭县赤卫军军需长,红军学校排长,红四军第三纵队十九大队政委,红一军团第十二师三十六团政委,第十一师三十三团政委,第二师五团政委,红一军团政治部组织科科长,军团司令部侦察科科长。参加了中央苏区历次反"围剿"作战和二万五千里长征。抗日战争时期，历任中国人民抗日军政大学第三大队大队长，第六分校校长，晋豫联防军司令员兼八路军一二九师三八六旅副政委，太岳军区第二军分区司令员，晋冀鲁豫军区三八六旅旅长，参加了百团大战及开辟晋冀鲁豫抗日根据地的斗争。解放战争时期，历任晋冀鲁豫军区第四纵队十旅旅长，第四纵队参谋长，太岳军区司令员，华北军区第十五纵队司令员，第十八兵团六十二军军长。中华人民共和国成立后，任西康军区司令员，川西军区司令员，中国人民解放军军事学院院务部部长、物质保障部部长、副教育长、副院长，中国人民解放军军政大学副校长。1955 年被授予中将军衔。著有《从闽西到京西》《院校工作回忆》等。

张南生（1905～1989）　连城县新泉北村人。1929 年参加新泉乡苏维埃政府工作，1930 年加入中国共产党，同年参加中国工农红军。土地革命战争时期，任乡苏维埃政府委员，红十二军二纵队第一〇三团连政委，红十三军第二团政委，第十三师三十九团政治处主任，师总支部书记，红五军团第十三师三十七团政委，国家保卫总队政委，国家政治保卫团政委，红三十一军政治部组织部部长。参加了长征。抗日战争时期，任八路军一二九师三八五旅七六九团政治处副主任，三八六旅七七一团政委，先遣支队政委兼中共冀西地委军事部部长，独立支队政委兼中共晋中地委军事部部长，八路军一二九师政治部组织部副部长、部长，八路军野战政治部组织部副部长。解放战争时期，任晋冀鲁豫军区政治部组织部部长，中共晋冀鲁豫中央局组织部副部长，华北军区政治部组织部部长。中华人民共和国成立后，任华北军区政治部副主任。1950年入朝参战，任中国人民志愿军第二十兵团政委兼政治部主任，志愿军政治部代主任。后任北京军区副政治委员、顾问。为中国人民政治协商会议第一届委员会代表，第五届全国政协常委，第三、六届全国人民代表大会代表，中国共产党第八次全国代表大会代表。1955年被授予中将军衔。荣获二级八一勋章、一级独立自由勋章、一级解放勋章。1988年荣获一级红星功勋荣誉章。

陈仁麒（1913～1994） 原名陈景麟，新罗区小池汪洋村人。1929年参加农民暴动，1930年参加中国工农红军，1932年加入中国共产党。曾任闽西红十二军政治部宣传员、军部特务队政委，红二十二军第六十六师一六八团连政委、第一六八团政委。1933年调任红十一军政治部宣传科长，红七军团政治部地方工作部部长。翌年7月任红军总政治部巡视员，中央革命军事委员会直属教导第一团政委兼政治处主任。参加了中央苏区历次反"围剿"斗争。长征中，先后任军委干部团教员、特科营政委。到陕北后任红军大学第三科（教导师）特科团政委兼政治主任、教员。抗日战争爆发后，调任中共陇东特委委员兼镇原县委书记、陇东特委组织部部长。1940年11月，先后任陕甘宁边区保安司令部政治部主任、八路军警备第三旅政治部主任。抗战胜利后，先后任冀热辽军区热河纵队政治部主任，冀晋纵队第三旅、冀热辽军区独立第十四旅、热河军区第十三旅政委，率部参加了解放北票、围场等战斗。1947年8月任东北民主联军第八纵队二十二师政委。

次年 3 月任东北野战军第十一纵队政委，中国人民解放军第四十八军政委，参加了辽沈、平津、赣西南等战役。新中国成立后，任中共赣西南区委第二书记兼第四十八军政治委员，第二十一兵团政委，海南军区政委、中南军区政治部主任。1959 年 12 月调任军委炮兵政委。1970 年调任成都军区第二政治委员兼中共四川省委常委。是中共七大、九大代表，中共第九届中央候补委员。1955 年获二级八一勋章、一级独立自由勋章、一级解放勋章，1988 年获一级红星功勋荣誉章。

罗元发（1910～2010） 新罗区龙门人。1928 年加入中国共产主义青年团，1929 年转入中国共产党，同年参加中国工农红军。土地革命战争时期，历任福建龙岩列宁青年队队长，红十二军军部特务连政委，红十三军第十四师机枪连政治指导员，红十四军直属队党总支书记，红九军团第十四师四十二团代理政委兼政治处主任，红三军团第五师十五团政治委员，红三军团保卫局执行科科长，红一军团第一师一团政委，红一师政治部主任。参加了中央苏区第二至第五次反"围剿"作战和二万五千里长征。抗日战争时期，任八路军一一五师独立团政治处主任，独立第一师政治部主任，晋察冀军区第一军分区政治部主任、政委，雁北支队政委兼中共雁北地委书记，陕甘宁晋绥联防军教导第二旅政委，参加了平型关战役、百团大战和开辟晋察冀抗日根据地的斗争。解放战争时期，任陕甘宁晋绥联防军教导旅旅长兼政委，西北野战军第六纵队司令员，第一野战军第六军军长，参加了保卫延安、宜川和进军新疆等战役。中华人民共和国成立后，历任北疆军区司令员兼中共北疆区党委书记，西北军区空军司令员，北京军区副司令员兼空军司令员，中国人民解放军空军副司令员兼国防科委副主任，国防科委顾问等。是中国人民政治协商会议第五届全国委员会委员，中国共产党第七次全国代表大会代表、第九届候补中央委员。1955 年被授予中将军衔。荣获二级八一勋章、一级独立自由勋章、一级解放勋章，1988 年被授予一级红星功勋荣誉章。

罗舜初（1914～1981） 上杭县溪口大洋坝人。1929 年春参加上杭农民暴动。1931 年参加中国工农红军，1932 年 10 月入党。历任红一方面军司令部参谋，红四方面军司令部二局科长、代局长。参加了中央苏区第四、五次反"围剿"作战和二万五千里长征。到达陕北后，任中央革命军事委员会二局副局长。抗日战争时期，历任八路军总部作战科长、第一纵队参谋处处长，山东纵队参谋处处长，鲁中军区司令员兼政委，中共鲁中区委书记等职。解放战争时期，历任辽东军区副司令员兼参谋长，东北民主联军第三纵队政委，中国人民解放军第四野战军第四十军政委、军长等，率部参加了开辟东北解放区和辽沈、平津、渡江等战役。中华人民共和国成立后，任中国人民解放军海军参谋长、第二副司令员。1963 年任国防部第十研究院院长，国防工业办公室副主任兼国防科委副书记，沈阳军区副司令员、顾问。参与我国氢弹试验和发射第一、第二颗人造地球卫星的组织领导工作。当选为中国人民政治协商会议第五届全国委员会委员。1955 年被授予中将军衔，荣获二级八一勋章、一级独立自由勋章、一级解放勋章。

袁子钦（1909~1968） 原名袁致卿，上杭县白砂朋新村人。1929年参加中国工农红军，1930年加入中国共产党。历任红四军第二纵队政治部宣传员，红一军团第十一师三十一团连政委、第十师政治部宣传股股长，红五军团第十三师政治部组织科科长，红五军团政治部组织干事、党务科科长。参加了中央苏区历次反"围剿"作战和二万五千里长征。1936年进入延安中央党校学习。次年进入中国人民抗日军政大学学习。抗日战争时期，历任中国人民抗日军政大学政治部干事、组织科科长、大队政治处主任，第二分校政治部主任，抗大总校政治部组织部副部长、部长，第六分校政委，太行军区政治部副主任兼组织部部长。解放战争时期，历任太行军区政治部主任、副政委，晋冀鲁豫军区第十三纵队副政委，华北军区第十五纵队政委，第十八兵团第六十军政委等职。参加了上党、平汉、临汾、晋中、太原等战役。中华人民共和国成立后，任中国人民解放军第六十军政委。1950年参加抗美援朝战争，任中国人民志愿军第三兵团军政委。回国后，历任中国人民解放军总干部部组织统计部部长，总政治部干部部副部长，总政治部秘书长，总政治部干部部部长，总政治部副主任。1955年被授予中将军衔，荣获二级八一勋章、一级独立自由勋章、一级解放勋章。

傅连暲（1894·1968） 原名傅日新，长汀县人。1925年任汀州福音医院院长。红军解放汀州后，傅连暲大量收治红军伤病员，并为中华苏维埃政府培训了大批医护人员。1933年参加中国工农红军，任中央红色医院院长兼红色医务学校校长，中华苏维埃国家医院院长。1934年10月参加长征，1938年加入中国共产党，完成了从一个基督徒到共产主义战士的飞跃。抗日战争时期，任延安中央总卫生处处长兼中央医院院长。解放战争时期，任中共中央革命军事委员会总卫生部副部长。中华人民共和国成立后，任中国人民解放军总后勤部卫生部第一副部长，中央人民政府卫生部副部长、中华医学会会长。是中国人民政治协商会议第二、三届全国委员会常务委员，中共第七次全国代表大会候补代表、第八次全国代表大会代表。1955年被授予中将军衔。荣获二级八一勋章、一级独立自由勋章、一级解放勋章。著有《养生之道》《肺结核病的疗养》等。1979年以傅连暲事迹摄制的电影《血与火的洗礼》在全国上映。

4 现代科技英才

卢嘉锡（1915～2001）　　祖籍永定县陈东乡蕉坑村，物理化学家、化学教育家和科技组织领导者。1950年后历任厦门大学理学院院长、研究部部长，福州大学副校长，中国科学院福建物质结构研究所研究员、所长，中国科学院院长等职。1955年，当选为中国科学院化学学部委员（院士），同年被高等教育部聘为一级教授。他曾是第三、五届全国人大代表，第六届全国政协常委，中国农工民主党第九届中央委员会副主席，中国科学技术协会常委，中国化学学会副理事长、理事长。曾被评为1979年全国劳动模范。他提出的固氮酶活性中心的结构模型，所从事的结构与性能的关系研究等，对中国原子簇化学的发展起了重要推动作用。他早年设计的等倾角魏森保单晶 X 射线衍射照相的 Lp 因子倒数图，被载入国际 X 射线晶体学手册，称为"卢氏图"。1993 年 3 月当选为第八届全国人民代表大会常务委员会副委员长。

郭秉宽（1904～1991） 原名奎中，新罗区龙门人。曾担任全国眼病协作组组长、中华医学会眼科学会副主任委员、国务院学位委员会学科评议组成员、卫生部医学科学委员会委员、中华医学会眼科学会上海眼科学会主任、中国科学院学部委员（院士）等职。是中国眼遗传学工作的开拓者之一。主要著作有《眼科学》、《军阵外科学》眼科分册、《中国医学百科全书·眼科学》等。郭秉宽教授在国际眼科学界享有很高声誉。新中国成立三十多年来，先后代表中华医学会眼科学会参加波兰、巴基斯坦、日本等国的眼科学会。访问过美国，作为中国有史以来第一位亚太地区代表参加全美眼病理年会，还参加过在旧金山召开的第 24 届国际眼科会议、第二届国际防盲会议等国际会议。被世界著名的眼科学者波士顿眼科研究院院长誉为"当今中国眼科之父"。美国眼科权威 Charles L. Schepens 在《世界眼科临床》一书的序言中称郭秉宽为"中国眼科之父"。

林鹏（1931～2007） 新罗区人。1955 年毕业于厦门大学。林鹏长期从事河口海岸红树林和陆地植被生态学研究，率先对中国六省区（包括台湾）红树林进行了系统调查和研究，是中国红树林生物量、生产力、物流能流等生态系统研究的开拓者。先后出版红树林专著 8 部,发表论文 180 多篇。专著《中国红树林生态系》填补了中国红树林生态系统学科的空白,为中国红树林的研究和生态恢复工程起到奠基作用。由于他的努力,促成了在九龙江口龙海市一片 7000 多亩红树林湿地建立龙海红树林保护区,使中国红树林生态研究和保护工作进入国际先进行列,他也成为国内外"公认的权威和学术带头人"。其研究成果获国家自然科学二等奖 1 项,国家科技进步三等奖 1 项,部(省)级奖项多项。2001 年当选为中国工程院院士。

谢联辉(1935~) 新罗区人,植物病理学家。1958 年毕业于福建农学院。福建农业大学植物病毒研究所教授、所长。早期进行小麦秆锈和稻瘟研究,提出消灭越冬基地和免疫控制,解决了当地的生产问题。1973 年后,系统研究了中国水稻病毒的种类、分布、为害、传播、测报与治理,其成果被誉为"对世界病毒的研究作出了新的贡献"。比较全面地研究了中国水仙、甘蔗、烟草、番茄和香蕉等植物的病毒种类、分布、发生和防治对策,报道了 11 个中国新纪录和 5 个中国大陆新纪录。曾获我国部、省级科技进步一等奖 1 项、二等奖 3 项、三等奖 4 项、四等奖 1 项。1991 年,他被选为中国科学院生物学部委员(院士)。

郭柏灵(1936~) 新罗区人。中共党员,计算数学专家。1958 年毕业于复旦大学数学系。历任助教、助理研究员、副研究员、研究室主任。现任北京应用物理与计算数学研究所研究员、博士生导师,国家自然科学基金会数学专家组评委。

1963 年，他奉调北京二机部，被安排在北京物理与计算数学研究所，从事与物理有关的数学基本理论研究，参与"两弹一星"的研究工作。他长期从事计算数学研究，取得重大成果。1987 年荣获国家自然科学奖，1996 年和 1998 年分别荣获国防科工委科技进步一等奖。2001 年 11 月当选为中国科学院院士。

谢华安（1941 ~ ）　新罗区人。中国农业大学研究生院博士生导师、农业部科技委常委。先后研究与培育成功"汕优 63"、特优航 1 号、II 优航 1 号等新品种，还有"I 优明 86"超级再生稻。"汕优 63"稻种于 1982 年在全国 20 多个省全面推广 11 亿多亩，使水稻亩产平均增产 68 公斤，累计增产 300多亿公斤，创造社会效益数百亿元，已连续数十年成为中国水稻种植面积最大的稻种。其推广程度，一年面积和累计面积创中国水稻之最。"汕优 63"成为世界水稻育种界的参照标杆，研究成果获得全国科技进步一等奖。谢华安被美国"ABI"世界名人传记研究中心编入《国际杰出领导阶层人名录》，被英国剑桥大学编入《国际知识分子名人》。获全国劳动模范、国家级有突出贡献的中青年专家等诸多殊荣。2007 年当选为中国科学院院士。

七　现代风貌

1　经济实现跨越式发展

龙岩，是福建省的资源富集区。已发现矿物种类64种，探明储量33种，其中稀土、金、银、铜、铁、无烟煤、高岭土、石灰岩等16种矿储量居全省首位。上杭紫金山金矿是全国最大的单体金矿，稀土矿远景储量占全省60%以上，东宫下高岭土矿是全国十个特大型高岭土矿之一，马坑铁矿是华东第一大铁矿。龙岩林业资源丰富，森林覆盖率达77.91%，居福建省首位。有梅花山、梁野山2个国家级自然保护区。是福建省最重要的三条大江——闽江、九龙江、汀江的发源地。有"闽西八大干、八大鲜、八大珍"等特色农产品，永定烤烟有"南湖瑞草"的美誉，是全国清香型烤烟的代表。"长汀河田鸡"是全国三大名鸡之一。独有的资源禀赋为龙岩的经济和社会发展提供了重要基础。

建市以来，随着改革开放的不断深入，龙岩市委、市政府调整经济发展战略，加快工业化建设步伐。特别是近年来，全市牢牢把握中央支持福建加快发展、"新古田会议"召开的重大机遇，充分发挥产业实、区位好、资源富、生态优的独特优势，探索一条以科学资源观为核心的新型工业化道路，把龙岩建设成为"经济发达、社会和谐、生态优良、资源节约、环境友好、人民安居乐业"的新闽西。

2011年以来，龙岩的地区生产总值、全社会固定资产投资、财政收入、社会消费品零售总额、外贸出口、城乡居民收入等主要指标两位数增长，人均地区生产总值突破1万美元。

2 产业格局逐步形成

产业转型 步伐加快 通过实施加快产业转型升级、发展智能制造、推进创业创新、支持住房消费等政策，2016年全市已培育机械、有色金属、建材、农产品加工、烟草、能源、旅游、畜牧等8个百亿产业，龙州工业园区、龙岩经济技术开发区、上杭工业园区、长汀经济开发区4个百亿园区，龙烟、紫金矿2家百亿企业，还有10家上市企业。光电产业方面，到2020年，将形成千亿级产业集群。

机械产业 蓬勃崛起 以龙工为领军者的龙岩装备制造业的崛起，是龙岩本土产业质变的一个典型。龙工已位居"全球工程机械50强"第24位。龙净环保则是龙岩高新技术企业成功发展的范例，现已成为全球最大大气环保装备研发制造商，产销量连续八年居国内同行业第一。

"建设世界级工程机械制造基地、全国环保设备研发生产基地、海西商用汽车及配件加工基地"，成为龙岩机械产业确立的发展目标。全市拥有 9 家专用车生产企业，主要产品有环卫系列专用车、半挂车、厢式车、自卸车、水泥搅拌车、应急电源车、大功率抽水车、冷饮车等 100 多种。按"龙头企业—产业链条—产业集群—产业基地"的路子，龙岩正朝着工程机械产业年产值超千亿加速前进。

紫金黄金　领跑全球　紫金矿业集团是从 20 世纪 80 年代发现的上杭紫金山铜金矿起步，1992 年，紫金山金矿产出第一批黄金 8.05 千克。2013 年紫金矿业实现营业收入 497.72 亿元，实现净利润 29 亿元。

现在紫金矿业已经在 9 个国家和地区投资矿产资源，拥有10 个矿产资源项目，成为国内拥有黄金和金属资源储量最多的企业，中国最大的黄金生产企业之一，第二大矿产铜、锌生产企业和重要的钨、铁生产企业。寻求"矿业＋"板块突破重点，谋求国际市场控制权和定价权，力争到 2030 年打造成全球一流的矿业企业，将龙岩打造成为"中国矿都"。

项目会战　如火如荼　重点推进 4 轨（龙厦快速铁路、龙厦 350 公里高铁、漳平经漳州至厦门快速铁路、漳平经安溪至泉州快速铁路）5 高 5 干 14 线"东进"快速通道，实现与厦门等沿海地区的无缝对接，主动接受闽南金三角的创新辐射。充分发挥厦门特区、东南航运中心、自贸区、"海上丝绸之路"的政策与龙岩苏区、国家加工贸易梯度转移重点承接地政策的叠加效应，规划建设总面积 35 平方公里的厦龙山海协作经济区，目前，入驻企业 12 家、投资总额近 35 亿元。现在正重点推进总投资 20 亿元的中车新型轨道交通装备制造基地等项目建设，逐步构建新型交通装备关键零部件配套产业集群，争取打造中国中车轨道交通产业园及海外车辆出口基地。

军民融合 开启新篇 发挥好"新古田会议"召开的后续效应，探索"产—军—学—研"合作的新路，大力发展军民融合产业。目前，已经同 11 家军工企业签订了 37 个合同或协议项目，有 11 个项目已经落地或正在落地。全力打造"中国专用车之城"。依托现有的 1 家整车、10 家专用车、110 多家零部件制造企业，主动对接军工企业。推进与清华大学苏州汽车研究院等专业院所的合作，建设龙岩工程技术研究院、龙腾汽车研究所，推动设立专用车研发中心，推进与兵科院、兵装等相关军工企业合作的车炮一体化、矿山运输重卡、高机动越野车、冷藏物流车、应急通信指挥车、环卫清扫专用车等生产项目，促进专用车全方位、多层次发展，做大做强专用车产业。已经引进枭龙公司在龙岩建设"龙岩新龙马枭龙万辆高机动越野车和对军装备车辆生产基地"，引进中国中车与紫金矿业合作研发生产矿山运输重卡制造项目。构建海峡西岸光电产业研发生产基地。依托连城海峡光电研究院、武平正德光电科技等的技术研发优势，加快光电产业园、新型显示和智能终端产业园等专业园区建设，加强与电子科技、电子信息、中国兵器工业、中国航天科工等军工企业、科研院所的对接，重点推进蓝宝石系列材料、卫星导航、数码液晶屏、超量子 LED

等合作项目，实现光电新型材料产业集聚发展、做大做强。目前，连城鑫晶刚玉公司与中国航天科工集团二院合作的人造蓝宝石大口径窗口件研究试制，鑫晶公司已按要求完成3种规格光学玻璃试片研制，这种人造蓝宝石主要应用在航空航天等领域。建设南方稀土精深加工及应用研发生产基地。在继续深化与厦钨集团、清华紫荆合作的同时，推动长汀金龙稀土与电子科技集团、中船重工签订产品采购协议，延伸发展空调、新能源汽车、永磁电机、电脑等下游应用产业，实现本地稀土新材料器件化、整机化，打造稀土新材料产业链。

电商产业　方兴未艾　强化"互联网＋"思维，提升实体经济创新力和生产力。深入开展工业互联网创新试点行动，培养一支30万~50万的"网军"队伍，有效盘活全市丰富的工业、农业、旅游、文化等资源，引导企业以互联网为媒介，推动企业向新型网络化生产模式转变。举办"龙岩籍互联网新锐高峰论坛"，邀请龙岩籍的美团网王兴、"今日头条"张一鸣、"同步网络"熊俊、"欣欣旅游网"赖润星等互联网"龙岩F4"回来，一起探讨龙岩电商产业发展大计。打造全国农村电子商务之城。2015年9月，龙岩成为全国首个农村淘宝全覆盖的地级市，成为阿里巴巴集团全国第一个农村淘宝项目试点市。

3　现代农业加速发展

2014年10月，习近平总书记在福建省委、省政府工作汇报会上作重要讲话时，如数家珍地提到了"闽西八大干"、白鹜鸭、河田鸡、槐猪等闽西特色农产品。龙岩市以此为契机，出台《龙岩市加快特色现代农业发展的实施意见》，在转变农业发展方式上求新突破。加大白鹜鸭、河田鸡、槐猪等特色农产品的推广力度，突出发展设施果蔬、设施畜禽、设施林业、林下经济，形成一批有规模、有影响的特色现代农业精品主打品牌。

4 旅游文创蓬勃兴起

2014 年，古田旅游区通过国家 5A 级旅游景区景观质量评审。全市共有 1 个世界文化遗产地暨国家 5A 级旅游景区（福建土楼·永定景区），8 个国家 4A 级旅游景区（冠豸山、龙崆洞、九鹏溪、古田会址、长汀红色旧址群、连城天一温泉度假村、连城培田古村落、梅花山·华南虎园），10 个国家 3A 级旅游景区〔中央苏区（闽西）革命历史博物馆、毛泽东才溪乡调查纪念馆、武平定光佛祖庙、武平文博园景区、永定下洋中川景区、永定金砂红色旧址群、新罗东肖红色旧址群、新罗竹贯古村落、上杭李氏大宗祠文化旅游区、长汀汀江源龙门风景区〕，2 个国家级生态旅游示范区（梅花山生态旅游区、冠豸山生态旅游区），1 个国家级风景名胜区（冠豸山），1 个国家工业旅游示范点（上杭紫金工业旅游区），1 个国家农业旅游示范点（新罗云顶茶园），3 个国家水利风景区（新罗梅花湖、永定龙湖、漳平九鹏溪景区），1 个国家矿山地质公园

（上杭紫金工业园区），1个国家历史文化名城（长汀），3个国家历史文化名乡（镇）（上杭古田镇、武平中山镇、永定湖坑镇），7个国家历史文化名村（连城宣和乡培田村、长汀三洲镇三洲村、新罗适中镇中心村、连城庙前镇芷溪村、新罗万安镇竹贯村、长汀南山镇中复村、漳平双洋镇东洋村），4个国家森林公园（龙岩国家森林公园、上杭西普陀国家森林公园、漳平天台山国家森林公园、永定王寿山国家森林公园），2个国家自然保护区（梅花山、梁野山），4个全国特色景观名镇（村）（永定湖坑镇、上杭古田镇、连城宣和乡培田村、漳平赤水镇香寮村），3个全国休闲农业与乡村旅游示范县（漳平市、上杭县、连城县），2个全国休闲农业与乡村旅游示范点（上杭五龙村农家乐、永福高山农业旅游区），10个全国红色旅游景区，13处全国重点文物保护单位。福建旅游十大品牌中，龙岩占2个，即"神秘的客家土楼"和"光辉的古田会址"。

5 基础设施日臻完善

2011年以来，城乡面貌发生了深刻变化。在全省山区市中率先实现县县通高速、率先开通动车。

龙岩是闽粤赣边区域性交通枢纽。航空方面：建成了龙岩冠豸山机场，已开通飞往上海、深圳、杭州等地的航线。公路方面：距厦门港口1个小时，已实现县县通高速。铁路方面：龙漳、龙梅、龙赣三条铁路分别与鹰厦、广梅汕、大京九等铁路线相连；2006 年 1 月开通龙岩—北京的"海西号"旅客列车；2008 年 4 月开通了龙岩—上海的旅客列车。2015 年底，赣龙铁路复线项目建成通车。从 2012 年 6 月 30 日开通龙厦动车，至 2014 年底，龙岩已开通始发厦门、福州、福鼎、深圳北、南京等多趟动车，标志着龙岩已经跨入了"动车时代"。

6 社会事业全面发展

义务教育均衡发展　加快中心城区教育资源整合，推行城区义务教育"小片区管理"，加大农村薄弱学校"委托管理"试点力度。新罗区率先通过省级"教育强区"评估验收。新罗、永定、上杭通过全国"义务教育发展基本均衡县"评估，龙岩华侨职专被确定为"国家中等职业教育改革发展示范学校"。新罗、永定、上杭通过"义务教育发展基本均衡县"国家级验收，全面完成中小学标准化学校建设，高等教育、职业教育加快发展。

文化精品不断涌现　继续推进国家级闽西客家文化生态保护实验区创建工作。闽西汉剧进校园、周周有戏等文化惠民活动深入开展，新设 2 家民办博物馆，新增 5 个国家历史文化名镇（村），"龙岩采茶灯"列入第四批国家级非遗项目。歌剧《土楼》荣获第十四届文华奖优秀剧目奖。电影《衍香园》获得中宣部"五个一"工程奖。

医疗体系不断健全　加强社区卫生服务中心和乡村卫生院建设，鼓励和规范社会资本兴办医疗机构。在全国创新实施高清网络门诊工程；龙岩人民医院病房综合楼建成使用；新引进3家民营医院；市第二医院新院、市中医院病房大楼、市第三医院门诊综合楼建成投入使用；市第一医院门诊楼扩建、市妇幼保健院及市第一医院新院建设有序推进；居民健康信息系统市级平台初步建成。

体育事业加快发展 竞技体育成绩斐然，被誉为"冠军摇篮"。涌现出一批体育项目的顶尖国手，比如林丹、何雯娜、石智勇、张湘祥等，在国内外大赛中争金夺银，被媒体誉为"龙岩现象"。全市拥有国家高水平后备人才基地2个，中国举重人才训练基地1个，中国羽协羽毛球学校1个，福建省重点体育项目后备人才基地3所，省级单项训练基地和后备人才基地9个；全市现有国际级运动健将11人，国家级运动健将31人。截至2014年7月，龙岩市运动员共获得奥运金牌5枚、铜牌2枚，国际比赛金牌70枚、银牌31枚、铜牌22枚，全国比赛金牌163枚、银牌143枚、铜牌142枚。

民生福祉持续改善 龙岩市坚持把改善老区民生作为重大政治责任，逐步弥补历史形成的民生欠账。

——在全国首创完备的预防预警体系，将防洪应急预案延伸到自然村、村民小组、矿山企业，做到"预警到乡、预案到村、责任到人"。

——在全国率先推出全市农房统一保险。

——在全国率先推出农村人口自然灾害公众责任险。

——在全国率先推出"新农合"大病补充医疗保险。

——在全国率先开展"三农"综合保险试点，并率先在全国实现市级全覆盖。

——提前两年实现国家基本医保目标。

——比全国提前五年实现新农保全覆盖。

——率先在全省实现市、县福利中心建设全覆盖，基本医疗保障制度实现全覆盖。

2011 年以来，龙岩民生事业长足进步。龙岩市新型职业农民培育工作被农业部总结为"龙岩模式"。注重发展养老服务产业，全市共有"全国爱心护理工程建设基地、示范基地" 3 家，走在福建省前列。创建"平安龙岩"不断深化，上杭"1345"调解工作机制获中央领导肯定，群众安全感率、平安建设知晓率、执法工作满意率持续居福建省第一、第二名。成功创建国家高新区和国家可持续发展实验区、全国首个可持续发展产业示范基地、全国科技进步先进市、全国东部地区唯一的国家加工贸易梯度转移重点承接地、国家级公共服务标准化试点单位、国家知识产权试点城市、全国生态文明建设试点地区、全国首批创建生态文明典范城市。龙净环保项目成果获国家科技进步二等奖。

宜居城市加速打造　龙岩市积极推进新型城镇化，加快构建新型城乡发展体系，全市城镇化率提高 1.5 个百分点以上。永定撤县设区获国务院批准。民众关切的城市建设项目十大片区改造、解放北路延伸段、北市场停车场、登高山和莲花山连接栈道桥等建成。2013 年，莲花山栈道获中国人居环境范例奖。"美丽乡村"建设有序实施，完成 10 个社区、128 个村庄整治，历史文化名城名镇名村、传统村落保护进一步加强。

2015 年以来选出"闽西最美古村落"10 个、"闽西最书香古书院"5 个。连城培田村被农业部评为"中国最美休闲乡村"。水土流失治理的"长汀经验"在全国总结推广,成为南方红壤区治理的典范。水环境进一步好转,中心城区内河水质连续两年 100% 达标。全市森林覆盖率达 77.91%,连续 39 年居福建省第一。龙岩被评为全国首批创建生态文明典范城市,长汀入选全国生态文明示范工程试点县。成功创建国家级森林城市。

深化改革全面推进 近年来,龙岩市启动了 541 项重点改革任务,着力打造市场、开放、生态、社会"四个环境"。加快行政审批服务标准化建设,组建市级公共资源交易中心。2014 年,龙岩行政服务中心标准化建设通过国家标准委专家组复评验收。总结推广长汀县基层医改"一归口三下放"的做法,突破医改难题,成为"长汀模式"并在福建和全国推广。2011 年以来,龙岩的发展活力持续增强。行政服务标准化成为国家级试点,林权改革"武平经验"在全国推广,新型职业农民培育和"三农"综合保险在全国开创"龙岩模式"。民营经济更加活跃,民间投资占全社会投资的四分之三。成功创建国家级经济技术开发区、高新技术产业园区、可持续发展实验区、全国科技进步先进市,与厦门共建山海协作经济区。参照执行国家西部地区政策共落实 103 项,获得中央补助 410 多亿元。

后 记

　　本书是大型历史知识系列丛书、"十二五"国家重点图书出版规划项目《中国史话》的一个分册。2015 年 5 月，在时任中共龙岩市委书记梁建勇，市委副书记、市长池秋娜和市委常委、市委宣传部部长王金福，副市长郭丽珍的关心支持下，《龙岩史话》编写工作正式启动。由龙岩市委宣传部常务副部长陈寿南、市社科联主席兰尚进组织协调，集中了我市文史、党史和民间文艺研究等诸多方面的专家、学者组成了本书的编委会。经过编委会全体成员的研究和讨论，全书共分为七章，分别是：一、建置沿革，由邹文清执笔；二、灵秀龙岩，由钟德彪执笔；三、客家祖地，由孙国亮执笔；四、红色圣地，由吴升辉执笔；五、地方风物，由何志溪执笔；六、著名人物，由刘少雄执笔；七、现代风貌，由刘少雄执笔；全书由孙国亮负责统稿。

　　本书虽然只是一本普及性读物，但包含了龙岩（闽西）区域自有人类文明记载以来数千年间政治、经济、社会、文化以及著名人物等的方方面面，因此为了内容的真实可靠、简明全面，编著者参考的古今文献不下百种，在资料的选取、观点的采用上则尽量吸收最新的研究成果。如"闽西是毛泽东思想的初步形成地""福建土楼的诞生""龙岩地名的由来"等，都是近年来获得广泛认可的研究新成果。"现代风貌"内容则由龙岩市委办公室的同志亲自修改定稿，其中有关当代龙岩市的各种数据和提法也都是最新的资料。所以说本书篇章虽小，但短小精悍，是诸多专家学者集体协作的成果。最后感谢时任福建省人民政府副省长、中共龙岩市委书记梁建勇赐序，感谢为本书付出努力的热心人，由于篇幅所限，成书时间较紧和资料的不全，定有遗珠之憾，希望广大读者对不足之处提出宝贵意见，批评指正。

编　者

2015 年 12 月 25 日

史话编辑部

图书在版编目（CIP）数据

龙岩史话/中共龙岩市委宣传部，龙岩市社会科学
界联合会编. -- 北京：社会科学文献出版社，2016.10
（中国史话）
ISBN 978 - 7 - 5097 - 9799 - 0

Ⅰ.①龙… Ⅱ.①中… ②龙… Ⅲ.①龙岩 - 地方史
Ⅳ.①K295.73

中国版本图书馆 CIP 数据核字（2016）第 233909 号

"十二五"国家重点图书出版规划项目

中国史话·社会系列
龙岩史话

编　　者/中共龙岩市委宣传部　龙岩市社会科学界联合会

出 版 人/谢寿光
项目统筹/袁清湘　谢　安　　责任编辑/连凌云

出　　版/社会科学文献出版社·史话编辑部（010）59367143
　　　　　地址：北京市北三环中路甲 29 号院华龙大厦　邮编：100029
　　　　　网址：www.ssap.com.cn
发　　行/定制出版中心（010）59366509　59366498
　　　　　市场营销中心（010）59367081　59367018

印　　装/三河市尚艺印装有限公司
规　　格/开本：889mm×1194mm　1/32
　　　　　印张：5.875　字数：124 千字
版　　次/2016 年 10 月第 1 版　2016 年 10 月第 1 次印刷
书　　号/ISBN 978 - 7 - 5097 - 9799 - 0
定　　价/25.00 元

本书如有印装质量问题，请与读者服务中心（010 - 59367028）联系